Vadim Tschenze

Matrix-Numerologie

MATRIX NUMEROLOGIE

Vadim Tschenze

SILBERSCHNUR VERLAG

ISBN: 978-3-89845-360-8

1. Auflage 2012
2. Auflage 2012
3. Auflage 2015
4. Auflage 2019
5. Auflage 2021
6. Auflage 2024

Umschlaggestaltung & Satz: XPresentation, Güllesheim
Druck: PB Tisk, a.s. Czech Republic

Verlag »Die Silberschnur« GmbH · Steinstr. 1 · 56593 Güllesheim
www.silberschnur.de · E-Mail: info@silberschnur.de

Inhalt

Vorwort

Elisabeth Kübler-Ross sagte, dass wir so lange geschliffen werden, bis wir Diamanten sind – und sie hatte recht. Wir sind noch auf der Erde, weil wir noch weiter geschliffen werden müssen, bis wir glänzen. Aber das ist gut, weil wir im Nachhinein erkennen werden, dass es uns auf unserer Reise weitergebracht hat, wir konnten unsere Seele wieder ein Stück weit vervollkommnen. Alles hier ist eine Aufgabe, und alles hier ist eine Schule, für jeden von uns.

Um zu sehen, wo wir gerade stehen, stehen uns Hilfsmittel zur Verfügung. Eines davon ist die

Matrix-Numerologie. Sie kann uns auch Fragen beantworten, die ich von meinen Klienten immer wieder gestellt bekomme, beispielsweise: »Werde ich im Lotto gewinnen?«, »Werde ich reich?« oder »Werde ich bekannt?«, »Passen mein Partner und ich zusammen?« und so weiter.

Die Matrix-Numerologie ist eine sehr alte russische Methode, die das Thema Karma und Lebensaufgaben anspricht. Wir alle kommen alleine zur Welt und gehen alleine zurück, dazwischen lernen wir Menschen kennen und gehen Beziehungen ein ... Trotzdem arbeiten wir immer an unseren eigenen Themen in diesem Dasein. Wir alle müssen unsere Schwächen überwinden - wir können aber auch auf unsere Stärken zurückgreifen, um die Aufgaben, die uns das Leben stellt, zu bewältigen. Beide, Schwächen wie Stärken, sind in unserem Geburtsdatum zu finden. Wenn Sie diese erkennen, können Sie Ihr Leben erfolgreich meistern.

Viel Spaß beim Lesen, und möge die Methode der Matrix-Numerologie vielen Menschen zu mehr Gesundheit und Lebensfreude verhelfen.

Vadim Tschenze

Einführung: Ist Erfolg nur Glückssache?

In den meisten Fällen nicht. Wenn Sie genau hinschauen, werden Sie herausfinden, dass erfolgreiche Menschen im Allgemeinen ihre Entscheidungen schnell treffen und vieles einfach im Voraus wissen. Das gilt besonders, wenn es sich um Entscheidungen handelt, die die Gestaltung der eigenen Zukunft betreffen. Diese Menschen handeln, ohne Zeit zu vergeuden. Entscheidungen bestimmen Ihr Schicksal! Alles, was im Leben geschieht, hat mit einer Entscheidung begonnen.

Mit der folgenden numerologischen Berechnung erkennen Sie Ihre wichtigsten Werte, die Ihnen von Geburt an vom Schicksal verliehen wurden. Des Weiteren ermöglicht Ihnen die psychologische Analyse, Ihre verborgenen Fähigkeiten und Veranlagungen zu erkennen. Sie erfahren, wer Sie wirklich sind und warum Sie hier sind. Sie erkennen Ihre Wege. Die esoterische Zahlenlehre beschäftigt sich mit den Werten der Zahlen. Jeder Zahl ist ein bestimmter Wert zugeordnet sowie gute und schlechte Eigenschaften. Selbst Menschen, die der Esoterik oder Spiritualität ablehnend gegenüberstehen, sind nicht abgeneigt, in den Zahlen Schicksalshinweise zu erkennen. Die Beispiele reichen von Freitag, dem 13. bis hin zur allgemeinen Glückszahl 7 oder zu ganz persönlichen Assoziationen mit bestimmten Zahlen. Die nun folgende Numerologiemethode stammt aus Russland. Sie weist zwar Ähnlichkeiten mit anderen Systemen auf, doch mir scheint sie noch genauer zu sein.

Die Matrix-Numerologie

Die Matrix-Numerologie ermöglicht es, viele geheime Charaktereigenschaften, Anlagen, Ziele, Familienqualitäten oder auch versteckte Talente zu erkennen. Die Matrix offenbart uns somit, was wir in diese Welt mitbringen und hilft uns, unser Umfeld sowie uns selbst besser zu verstehen. Es ist immer gut zu wissen, wenn man zum Beispiel einen neuen Partner kennenlernt, um was für einen Menschen es sich handelt und ob seine Einstellungen und Verhaltensweisen mit unseren harmonieren. Ich persönlich beschäftige mich mit der Matrix-Numerologie seit meinem 16. Lebensjahr. Seitdem habe ich tausende von Klientendaten ausgerechnet und bin zu dem Ergebnis gekommen, dass das in der Matrix offenbarte Wissen 100-prozentig unsere Geheimnisse widerspiegelt und uns viele neue Einsichten gewährt. Durch die Matrix-Numerologie werden auch Sie Ihre wichtigsten Qualitäten und Schwächen erkennen können, die Ihnen vom Schicksal verliehen wurden.

Berechnungsbeispiel

I. Nehmen wir an, dass Sie am **10.08.1973** geboren sind. Wenn wir die Nullen wegstreichen, haben wir: **181973.**

II. Addieren Sie nun alle Zahlen Ihres Geburtsdatums ...
1 + 8 + 1 + 9 + 7 + 3 = 29
... und schreiben Sie diese Zahl unter Ihr Geburtsdatum:
181973
29

III. Nun bilden Sie aus der End- die Quersumme.
In unserem Beispiel heißt das: **2 + 9**, es ergibt sich die Zahl **11.**

Schreiben Sie die errechnete Zahl (*hier:* 11) rechts neben die Endsumme (*hier:* 29):

181973

29 11

IV. Multiplizieren Sie die erste Zahl Ihres Geburtsdatums mit 2 (in unserem Fall ist es die 1, die für den 10. August steht. Wenn jemand am 30. geboren ist, ist es die Zahl 3).

Also: 1 x 2 = 2. Ziehen Sie diese Zahl (hier: 2) von der zuvor errechneten Endsumme ab, die links unter Ihrem Geburtsdatum steht (in unserem Fall ist es die 29), also

29 - 2 = 27

Schreiben Sie diese Zahl nun ebenfalls in die Reihe:

181973
29 11 27

V. Bilden Sie die Quersumme der unter Punkt 4 errechneten Zahl (bei uns ist es die 27, also 2 + 7. Es ergibt sich die Zahl 9).
Schreiben Sie diese Zahl wieder in die Reihe:
181973
29 11 27 9

VI. Nun zählen wir zusammen, wie oft eine Ziffer in unseren Reihen vorkommt, und schreiben die Zahl in das entsprechende Kästchen der Tabelle, die Sie auf Seite 18 sehen. Wir nennen diese Tabelle »Psychomatrix«.

1111 (1)	keine (4)	77 (7)
22 (2)	keine (5)	8 (8)
3 (3)	keine (6)	999 (9)

Besonderheit: Wenn ein Geburtsdatum ab 2000 ausgerechnet wird, so wird die Zahl 220 vom Geburtsjahr abgezogen!

Beispiel: 2000 - 220 = 1780.
Rechnen Sie dann mit diesem Jahresdatum weiter.

Das Lesen der Psychomatrix

Zahlenbedeutung der Psychomatrix

Wenn Sie sich die Anzahl der jeweiligen Ziffern ansehen, wird es Ihnen möglich sein, eine genaue Charakteranalyse von sich oder anderen zu erstellen. Sie werden informiert über Stärken und Schwächen, Talente, Veranlagungen, Gesundheitsfaktoren und auch Erfolgsmöglichkeiten. Beginnen wir mit der Zahl Eins.

1

1 ist die Charakterzahl, die für Wille und Machtgier steht. In einer Partnerschaft sollte ein Partner mindestens zwei Einser mehr als der andere aufweisen, sonst könnte es zu Spannungen in der Beziehung kommen.

- **Bei keiner oder nur einer Eins** sprechen wir von einer egoistischen, langsamen, passiven und streitbaren Person. Zu diesem Menschen passt am besten ein Partner mit vier oder mehr Einsern.

- **Bei zwei Einsern** sprechen wir von einem weichen Charakter. Solche Menschen sind gute Zuhörer, müssen aber immer gelobt werden.
- **Bei drei Einsern** sprechen wir von einem »goldenen« Charakter, man kommt meistens mit allen und allem zurecht und hat keine Feinde.
- **Bei vier Einsern** sprechen wir von einem starken Charakter. Menschen mit vier Einsern sind Führungspersönlichkeiten und wissen, was sie wollen.
- **Bei fünf Einsern** sprechen wir von einem sehr starken Charakter. Solche Menschen sind ebenfalls Führungspersönlichkeiten und wissen, was sie wollen; sie sind jedoch manchmal auch machtgierig und despotisch veranlagt.
- **Bei mehr als fünf Einsern** spricht man von einem sehr schwierigen Charakter mit vielen Widersprüchen.

2

2 ist die Energiezahl, die sogenannte Chi-Zahl. Je mehr Zweier, desto mehr Energie gibt ein Mensch ab.

- **Bei keiner oder nur einer Zwei** spricht man von einem Energiedefizit. Man braucht eine fremde Energie, um zu überleben. Solche Menschen sind sogenannte Energiesauger oder »Energievampire«. Sie lieben meistens Hunde, da Hunde Energieträger sind. Solche Menschen loben jedoch auch gerne die anderen.
- **Bei zwei Zweiern** sprechen wir von einer »goldenen Mitte«. Sie haben eine gute Energie, neigen zum Spenden, können aber genauso gut auch »saugen«. Sie sollten auf die eigene Energie achten, damit Sie nicht zu viel verschwenden.
- **Bei drei Zweiern** sprechen wir von einer sehr guten Energie. Sie sind ein Energiespender – und zwar durch und durch. Sie können beispielsweise Reiki erlernen und diese Lehre gut

anwenden. Wenn diese Menschen krank werden, dauert es nicht lange, bis sie wieder gesunden.

- **Bei vier und mehr Zweiern** spricht man von einer perfekten Energetik. Sie sind sehr gute Energiespender, die viel freie Energie zur Verfügung haben. Solche Menschen lieben Katzen, weil Katzen Energiesauger sind. Jedoch sind Katzen ganz ungefährliche Vampire, sie gleichen lediglich Energieblockaden aus.

3

3 steht für wissenschaftliches Interesse und ein Interesse an Technik.

- **Bei einer Drei** hat der Mensch die freie berufliche Wahl.
- **Bei zwei und mehr Dreiern** wäre es sinnvoll, sich kreativ zu beschäftigen, statt ausschließlich mit den Händen zu arbeiten.

4

4 ist die Gesundheitszahl. Je mehr Vierer, umso besser und stabiler ist die Gesundheit des Menschen.

➢ **Bei keiner oder nur einer Vier** ist mehr auf die Gesundheit zu achten. Hier fördert Sport, natürlich ohne zu übertreiben, die Gesundheit, denn von Geburt an steht die Gesundheit hier nur auf schwachen Beinen.

➢ **Ab zwei Viererrn** ist Ihre Gesundheit stabil, aber trotzdem sollte stets darauf geachtet werden.

5

5 ist die Zahl der Logik.

➢ **Bei keiner oder nur einer Fünf** spricht man von einer schwachen Logik. Es wird gerne fantasiert, und man lebt »in den Wolken«, statt mit beiden Beinen auf der Erde zu stehen.

- **Bei zwei und drei Fünfern** spricht man von einer starken Logik. Man ist ein Kopfmensch.
- **Ab vier Fünfern** ist die Logik wieder schwächer ausgeprägt.

6

6 ist die Zahl für handwerkliche Tätigkeiten und handwerkliches Geschick. Die Zahl deutet auch auf Tüchtigkeit hin.

- **Bei keiner oder nur einer Sechs** spricht man von einem Menschen, der die Welt lieber mit seinem Kopf bewegt als mit den Händen. Das Erlernen eines Handwerks wäre nichts für ihn.
- **Ab zwei Sechsern** spricht man von »goldenen Händen«.
- **Ab drei Sechsern** gilt man als der geborene Handwerker.

7

7 gilt als Glückszahl.

- **Bei keiner Sieben** spricht man von wenig Glück. Man muss sich immer viel Mühe geben, um etwas zu erreichen.
- **Bei einer Sieben** spricht man von etwas Glück. Einiges klappt, ohne sich Mühe zu geben.
- **Bei zwei Siebenern** spricht man von einem kleinen Glückspilz.
- **Bei drei und mehr Siebenern** spricht man von einem echten Glückspilz.

8

8 ist die Zahl der Geduld und Güte.

- **Ein bis drei Achter** deuten auf wenig Geduld hin.
- **Bei mehr als zwei Achtern** spricht man von einer starken Natur, ein Mensch, der obendrein noch sehr geduldig ist.

9

9 ist die Zahl der Klugheit, der Spiritualität und der Intuition.

➢ **Bei keiner oder nur einer Neun** ist der Mensch durchschnittlich veranlagt, hin und wieder vergesslich, aber nicht dumm.

➢ **Bei zwei Neunern** spricht man von einem spirituell veranlagten Menschen.

➢ **Bei drei und mehr Neunern** spricht man von einem sehr sensitiven, intuitiven und hellsichtigen Menschen.

0

0 hat keine oder nur eine geringe Bedeutung. Das System basiert auf Pythagoras, deshalb messen wir der Null in diesem Fall nur eine untergeordnete Bedeutung bei. Allerdings gilt auch, dass Menschen mit einer oder auch mehreren Nullen gezielt Talente erwerben können, die den Zahlen 1 bis 9 zugeordnet sind.

Zusammenhänge:

Es gibt Zahlen und Werte, die voneinander abhängig sind und sich ergänzen. Dazu gehören:

- 2 und 4 stehen in einem Zusammenhang, denn:
  2 = Energie und 4 = Gesundheit. Je mehr Energie, desto gesünder.
- 8 und 1 sind verwandt, denn:
  8 = Intuition und 1 = Charakter. Je mehr Intuition, desto ausgeglichener.
- 6 und 7 haben eine Verbindung, denn:
  6 = Tüchtigkeit und 7 = Glück. Je gezielter und auch beharrlicher man vorgeht, desto zufriedener und glücklicher ist man.
- 5 und 9 stehen ebenfalls in einem Zusammenhang, denn:
  5 = Logik und 9 = Klugheit (Intuition). Je mehr Logik, desto klüger.

Wir sehen uns unser Beispiel noch einmal genauer an:

10 08 1973
29 11 27 9
Die erste Zahl in der zweiten Reihe ist immer die wichtigste (in unserem Fall ist es die 2 = Energie).

10 08 1973
29 11 27 9
Die zweite Zahl der zweiten Reihe benennt das Lebensziel (hier 9 = Spiritualität).

10 08 1973
29 11 27 9
Die dritte und die vierte Zahl in der zweiten Reihe zeigen, welche Werte von Geburt an bis zum Tode wachsen werden (hier 1 + 1 = der Charakter).

Deutung der Zeilen der Psychomatrix

- **Wenn** in einer Zeile oder Spalte **keine Zahlen** stehen (in unserem Beispiel gibt es keine Zahlen in der zweiten Spalte) heißt das, dass die zugeordneten Werte nicht vorhanden oder zu schwach ausgeprägt sind.
- **Zwei Zahlen:** Die Eigenschaften sind normal ausgeprägt; man sollte allerdings daran arbeiten.
- **Drei Zahlen:** Die Eigenschaften sind besonders ausgeprägt; man kann sie ausbauen und dadurch erfolgreicher sein.
- **Vier Zahlen:** sehr starke Eigenschaften vorhanden.
- **Fünf Zahlen:** Das Maximum ist erreicht.
- **Sechs Zahlen und mehr:** Die Eigenschaften sind übermäßig stark ausgeprägt und bilden sich zurück.

OBERSTE ZEILE: 1, 4, 7

Zielstrebigkeit · Zielsetzung des Menschen
Verteidigung der eigenen Ziele

- **Keine Zahl:** Der Mensch setzt sich keine Ziele, sondern hofft auf glückliche Zufälle oder auf die Hilfe anderer Menschen; ein solcher Mensch ist leicht zu lenken, und er gibt seine Pläne leicht auf.
- **Eine Zahl:** Eine schwache Zielsetzung, man kann um die Ziele streiten und sie verteidigen, was aber nicht bedeutet, dass man die Resultate auch wirklich haben will. Dies ist nur ein Zeichen dafür, dass ein solcher Mensch in einer Auseinandersetzung einfach nur siegen will, nicht mehr. Es geht sozusagen ums Prinzip. Dieser Typ zählt eher auf die anderen und auf Freunde, nicht auf sich selbst.
- **Zwei Zahlen:** eine normale, durchschnittliche Zielsetzung. Man kann sagen, dass der Mensch seine Ziele langsam erreicht. Er überlegt viel

und lange, bis er plant und handelt und seine Ziele umsetzt.

- **Drei Zahlen:** Man kann seine Ziele unerwarteterweise wechseln; sehr oft ist die Entscheidung unbegründet.
- **Vier Zahlen:** eine sehr starke Zielsetzung. Der Mensch setzt sich ein Ziel und handelt danach auch sehr rasch, um das Ziel zu erreichen. Sehr oft werden nebenbei Ziele erreicht, die nicht immer dem eigenen Interesse entsprechen. Ein solcher Mensch sollte sich höhere Ziele setzen.
- **Fünf Zahlen:** eine sehr starke Zielsetzung. Um das Ziel zu erreichen, kann man andere wichtige Dinge im Leben aufgeben; besonders gefährdet sind zum Beispiel Freunde oder eine Beziehung. Man setzt alles auf eine Karte. Ein solcher Mensch sollte lernen, auch einmal »stopp« zu sagen.

- **Sechs und mehr Zahlen:** Überlastung. Man setzt sich viel zu hohe Ziele, die meistens gar nicht erreicht werden können, oder strebt zu viele Ziele auf einmal an. Genau das bremst einen jedoch, und man erreicht sein Ziel erst spät oder überhaupt nicht. Man muss darauf achten, dass man sich - auch gedanklich - nicht verrennt oder verzettelt.

MITTLERE ZEILE: 2, 5, 8

Familienzusammenhalt

Wunsch nach einer Familie

- **Keine Zahl:** Deutet auf einen Menschen hin, der nicht familienbezogen ist. Die Familie steht an letzter Stelle. Ein solcher Mensch hat meistens andere Prioritäten im Leben, wie zum Beispiel Karriere, Beruf oder Freunde.
- **Eine oder zwei Zahlen:** Man weiß, dass eine Familie gegründet werden sollte, lässt sich

aber viel Zeit und hält sich zurück. Man wartet bis zum letzten Moment, bevor der erste Schritt unternommen wird in Richtung Familiengründung. Von sich aus macht man auch selten einen Antrag.

- **Drei Zahlen:** Der Mensch schwankt: Er will eine Familie haben, und gleichzeitig überlegt er, ob dies überhaupt gut für ihn wäre. Das ist ein Mensch, der seine Freiheiten liebt und sie nicht aufgeben möchte. Wenn man einen solchen Menschen heiratet, sollte man froh sein, ihn überhaupt unter die Haube bekommen zu haben.
- **Vier Zahlen:** Man will eine Familie gründen und setzt dieses Ziel auch so schnell wie möglich in die Tat um. Solch ein Mensch ist für gewöhnlich selten der Grund für eine Trennung, und wenn eine solche ansteht, stellt er sich quer und versucht, die Familie zu erhalten.
- **Fünf Zahlen:** sehr starker Familienwunsch. Ein solcher Mensch will eine perfekte Familie

haben und setzt sehr hohe Maßstäbe. Diese Menschen streben immer nach vorne und nach mehr und belasten damit das Familienleben extrem. Ohne »Bilderbuchfamilie« meinen solche Personen, gar nicht existieren zu können, denn sie benutzen die Familie zum Repräsentieren.

➢ **Sechs und mehr Zahlen:** Überforderung. Solche Menschen jagen sehr lange einem Ideal nach, was eine Familiengründung hemmt.

UNTERSTE ZEILE: 3, 6, 9

Stabilität des Menschen · Gewohnheiten
Angst vor Wechseln

➢ **Keine oder nur eine Zahl:** Ein »Revolutionär«, der alles in seiner Umgebung verändern will und gerne die Umgebung und die Freunde wechselt. Er wechselt auch oft die Arbeit, streitet um jede Sache, doch vor allem will solch ein Mensch alle und alles verändern. Diesen Menschen liegen auch häufige Reisen.

- **Zwei Zahlen:** Solch ein Mensch kann seinen Drang nach Veränderung stoppen. Er will zwar auch alles und alle verändern, nur mit dem Unterschied, dass er weiß, wann er damit aufhören muss. Seine Gewohnheiten wechselt er dennoch ohne Grund, oder er nimmt plötzlich vergessene Gewohnheiten von früher wieder auf. Ein eher instabiler Mensch.
- **Drei Zahlen:** Ein in seinen Gewohnheiten ebenfalls instabiler Mensch. Seine Angewohnheiten wechselt er ohne Grund, oder er lässt seine früheren Gewohnheiten wieder aufleben.
- **Vier oder fünf Zahlen:** Ein Mensch, der eine sehr stabile Natur hat. Er umhüllt sich regelrecht mit seinen Gewohnheiten und kreiert eine stabile Umgebung. Sehr schwierig wird es, wenn es um einen Wechsel geht oder wenn er seine Gewohnheiten aufgeben muss.

➢ **Sechs und mehr Zahlen:** Überforderung. Der Mensch pflegt unzählige Gewohnheiten, die ihn von seinen Zielen abhalten. Ein solcher Mensch bekämpft sich selbst und seine Stabilität.

VERGLEICH ALLER DREI ZEILEN

Zählen Sie alle Zahlen in jeder Zeile zusammen, und vergleichen Sie, welche Werte und Qualitäten stärker ausgeprägt sind.

Partnerschaft

Erste Zeile: Um die Qualität der Partnerschaft zu ermitteln, gilt es, die erste Zeile anzusehen. Es ist wichtig, dass einer der Partner eine schwächere Linie besitzt. Das macht die Familie stabiler, und seine Bereitschaft, die Partnerschaft dauerhaft zu erhalten, ist stärker ausgeprägt. Der, der mehr Zahlen in der Zeile besitzt, erweist sich auch als dominanter und führt die Familie zu einer Idealvorstellung hin.

Familiärer Zusammenhalt

Zweite Zeile: Wenn beide Partner mehr als vier Zahlen in dieser Zeile haben, werden sich beide um den Erhalt der Familie sorgen. Wenn beide Partner nur drei oder weniger Zahlen haben, dann wird es gefährlich (getrennter Urlaub oder Ähnliches kommt oft vor). Ferner gilt: Derjenige, der mehr Zahlen besitzt, sollte auch mehr Familienaufgaben übernehmen.

Stabilität

Dritte Zeile: Je mehr Zahlen jeder Partner in dieser Zeile hat, umso besser. Wichtig ist, dass die Unterschiede zwischen Mann und Frau nicht mehr als zwei Zahlen betragen. Nehmen wir das Beispiel 10.08.1973. Wir haben eine 3, keine 6 und drei Neuner, das sind insgesamt vier Zahlen (drei Neuner und eine Drei). Wenn der Partner zum Beispiel neun Zahlen hat, ergibt sich eine Differenz von sechs Zahlen. Selbst wenn sich diese sechs Zahlen im Gesamten ausgleichen sollten, sprechen wir hier von einer eher wackeligen Stabilität.

Deutung der Spalten der Psychomatrix

Erste Spalte: 1, 2, 3

Selbsteinschätzung · Selbstwertgefühl

Je mehr Zahlen diese Spalte enthält, desto mehr will man sich von der Masse abheben und desto egoistischer wird der Mensch. Wir nennen sie die Spalte des Egoismus. Bei bis zu fünf Zahlen sprechen wir von einem »gesunden Egoismus«, doch ab sechs Zahlen liegt eine unmäßige Selbsteinschätzung vor.

- **Bis zu drei Zahlen:** zu wenig Selbstwertgefühl, der Mensch zweifelt leicht.
- **Vier Zahlen:** Man will eine Persönlichkeit sein und geht seinen Weg, allerdings nicht immer in die richtige Richtung.
- **Fünf Zahlen:** eine sehr starke Qualität. Man erreicht alle gesetzten Ziele.

- **Sechs und mehr Zahlen:** zu viel. Man verzettelt sich und vergisst den Inhalt der gesetzten Ziele. Die Ziele werden zudem meistens nicht erreicht. Zu egoistisch. Man nimmt sich für sich viel Zeit, pflegt sich stundenlang oder frönt seinen Hobbys.

Für eine Beziehung ist es wichtig, dass das Selbstwertgefühl bei beiden Partnern gleich stark ausgeprägt ist, wobei eine Zahl Unterschied in Ordnung ist.

Tipp

Überschätzen Sie sich nicht, und legen Sie schlechte Gewohnheiten ab, damit diese nicht Ihr positives Potenzial behindern.

Zweite Spalte: 4, 5, 6

Kraft · Selbstkontrolle · Wille · materielle Unabhängigkeit · Bemühen, das Heim schön zu gestalten und die Familie gut zu versorgen. Das Ziel kann oft zwanghaft verfolgt werden.

- **Keine oder eine Zahl:** Man ist meistens zu Hause, arbeitet nicht und lebt auf Kosten des Partners oder der Eltern.
- **Zwei Zahlen:** Man glaubt, die Familie ernähren zu müssen, deshalb nimmt man meistens die Arbeit an, die sich gerade bietet. Dafür werden viele eigene Ziele aufgegeben.
- **Drei Zahlen:** impulsive, bewegliche Menschen, sogenannte Arbeitstiere, die schnell arbeiten, Pause machen und wieder zur Arbeit hetzen.
- **Vier bis fünf Zahlen:** Solchen Menschen liegt die Ernährung der Familie besonders am Herzen, und meistens ist dies das einzige Ziel.

- **Sechs und mehr Zahlen:** Überforderung. Solche Menschen verausgaben sich, werden nervös und zum Schluss verlieren sie die Fähigkeit zu arbeiten. Sie bringen nichts mehr zustande und leiden unter einer schlechten Gesundheit. Sie verrichten meistens mehrere Arbeiten gleichzeitig, aber nichts klappt, da sie sich verzetteln.

Für eine Beziehung: Je mehr Zahlen beim Mann, desto fester die Bindung zur Familie. Wenn die zweite Säule der Frau überwiegt, kann es zu einer Scheidung kommen. In solchen Fällen wird empfohlen, dass die Frau dem Mann einige Probleme und Entscheidungen überlässt und ihm die Möglichkeit bietet, einige Sachen in Eigenregie durchzuführen.

Dritte Spalte: 7, 8, 9

Talente, **je mehr Zahlen, desto mehr Talente** liegen vor. Auf diese Spalte haben auch andere Zahlen eine Auswirkung, zum Beispiel:
Zielsetzung (1) und Energie (2).
Für die Familienqualität ist diese Spalte nicht wichtig.

Deutungen der Diagonalen der Psychomatrix

AUFSTEIGENDE DIAGONALE (VON LINKS UNTEN NACH RECHTS OBEN): 3, 5, 7

Temperament und Sexualität · individuelle Wünsche in Bezug auf die Nahrungsmittelaufnahme und schöne Bekleidung

- **Keine oder eine Zahl:** Hier haben wir es oft mit unterkühlten Menschen zu tun, die zur Untreue neigen können. Sie wollen ihre eigene Kraft bestätigt sehen. Sie suchen das Ideal, das es nicht gibt. Idealerweise passen solche Menschen zu ihresgleichen. Sexuelle Aktivitäten: Einmal im Monat Sex zu haben reicht ihnen völlig aus.
- **Zwei oder drei Zahlen:** Durchschnitt. Man kann sich jeden Tag mit dem Partner vereini-

gen, doch ein solcher Mensch kann auch lange warten. Sexuelle Aktivitäten: Dreimal in der Woche oder zweimal im Monat Sex zu haben ist okay.

- **Vier Zahlen:** ein starkes Temperament. Man muss Sexualität haben und fühlen. Sexuelle Aktivitäten: Viermal am Tag oder in der Woche - alles kommt infrage.
- **Fünf Zahlen:** Das Temperament ist sehr stark. Man kann ohne Intimitäten nicht leben, doch diesen Menschen ist wichtig, mit wem sie es tun. Sie erwarten Intimität, Erotik und Hingabe vom Partner. Für solche Menschen ist die Sexualität eine Kunst.
- **Sechs und mehr Zahlen:** Überforderung. Man möchte sexuelle Fantasien ausleben, die nicht erreichbar oder sogar pervers sind. Mit der Zeit wird immer mehr erwartet und verlangt - was allerdings meist nie erreicht wird.

ABSTEIGENDE DIAGONALE (VON LINKS OBEN NACH RECHTS UNTEN): 1, 5, 9

Bewusstsein, Religion, Spiritualität. Bis fünf Zahlen ist eine wachsende Spiritualität gegeben. Ab sechs Zahlen spricht man von Menschen, die an Idole glauben und esoterisch verbrämten Spinnereien nachjagen.

Die Diagonalen lassen sich nicht einzeln betrachten oder bewerten, denn beide sind in der Gesamtaussage immer voneinander abhängig. Zum Beispiel kann bei einem der Partner die aufsteigende Diagonale stärker besetzt sein als die spirituelle. Das heißt, dass er den Partner eher als Sexualpartner sieht denn als Freund.

Prominenten-Beispiele

Sehen wir uns ein paar prominente Personen an. Durch die Matrix-Numerologie werden wir **zu den Personen** Folgendes erfahren können:

- Wie ist der Charakter? (1)
- Kann er powern? (2)
- Ist man neugierig? (3)
- Wie ist sein allgemeiner Gesundheitszustand? (4)
- Ist es ein logisch denkender Mensch? (5)
- Wie handwerklich begabt und tüchtig ist er? (6)
- Wie glücklich kann er werden? (7)
- Ist er geduldig? (8)
- Ist er klug und intuitiv? (9)
- Wie sieht es mit seiner Zielsetzung aus? (1. Zeile)
- Wie viel Familiensinn liegt vor? (2. Zeile)
- Hat er viele Gewohnheiten? (3. Zeile)

- Wie schätzt er sich selbst ein? (1. Spalte)
- Ist er unabhängig oder kontrollsüchtig? (2. Spalte)
- Liegen kreative Talente vor? (3. Spalte)
- Wie sieht es aus mit dem Temperament und der Sexualität? (aufsteigende Diagonale)
- Sind spirituelle Anlagen vorhanden? (absteigende Diagonale)

Wenn Sie **zwei Partner vergleichen**, offenbaren sich Ihnen folgende Informationen durch den Zahlenvergleich:

- Wer kontrolliert wen in der Beziehung? (senkrecht 4, 5, 6)
- Wer ist eingebildeter? (senkrecht 1, 2, 3)
- Wer hat mehr Gewohnheiten? (waagerecht 3, 6, 9)
- Wer ist klüger und gibt nach? (9)
- Wer hat mehr Geduld? (8)

- Wer ist logischer veranlagt? (5)
- Wer ist familienbezogener? (waagerecht 2, 5, 8)
- Wer braucht mehr Sex? (Diagonale 3, 5, 7)
- Wer ist kraftvoller und gibt dem anderen Energie? (2)

Daneben können Sie die Gemeinsamkeiten und Unterschiede zwischen beiden Partnern erkennen.

Günther Jauch

geboren am 13.07.1956

Matrixberechnung:
1371956
325303

11	**-**	**7**
2	**55**	**–**
3333	**6**	**9**

In der Matrix von Günther Jauch sind fast alle Zahlen - außer der 4 und der 8 - vorhanden. Also Günther, auf das Wohlbefinden aufpassen und geduldiger werden!

Wie ist Günthers Charakter? Einer der bekanntesten Moderatoren der letzten Jahre ist ein sehr umgänglicher Mensch. In seiner Matrix hat er zwei Einser, dies spricht für einen weichen Charakter. Solche Menschen sind gute Zuhörer, müssen aber immer gelobt werden. Er hat gute Ideen, jedoch nicht so viel Energie, dass er Berge versetzen könnte. Es muss alles geplant werden, erst dann ist Günther Herr der Situation.

Bei nur einer Zwei spricht man von einem Energiedefizit. Man benötigt fremde Energie, um zu überleben, und diese bekommt er wohl durch die Unterstützung von seiner Familie. Die Matrix zeigt, dass Herr Jauch naturbezogen ist und sich in der Natur gut erholen kann. Er liebt bestimmt Hunde, da Hunde Energieträger sind. Solche Menschen loben gerne die anderen.

Die Zahl Drei: Ist Günther Jauch neugierig? Sogar sehr! Ihn interessieren alle neuen Dinge und Ideen. Er beschäftigt gerne seinen Kopf und ist sehr kreativ.

Günther ist zudem ein sehr logischer Mensch, denn bei zwei Fünfern spricht man von einer starken Logik. Er ist ein Kopfmensch und hat gleichzeitig ein sehr gutes Gespür. Da Günther aber auch spirituell veranlagt ist, benutzt er also beides: seinen Kopf und seine Intuition.

Bei nur einer Sechs spricht man von einem Menschen, der die Welt lieber mit seinem Kopf bewegt als mit den Händen. Günther hat gute Ideen, die er in die Tat umsetzt und wodurch er erfolgreich bleiben wird. Hauptberuflich wäre ein Handwerk nichts für ihn, er bastelt jedoch bestimmt gern zu Hause.

Die Zahl Sieben: Wie glücklich kann er in seinem Leben werden? Wie es aussieht, ist Herr Jauch ein sehr glücklicher Mensch. Etwas Glück hat er, wie viele andere Prominente, aus dem Vorleben mitgebracht, den Rest hat er sich selbst erarbeitet.

Günther Jauch ist nicht sehr geduldig, dafür aber intuitiv veranlagt.

Wie sieht es mit seiner Zielsetzung aus (1. Zeile)? Hier sehen wir Zielstrebigkeit und die Verteidigung eigener Ziele. Bei drei Zahlen kann er seine Ziele jedoch unerwartet wechseln, und sehr oft ist die Entscheidung unbegründet. Aber es klappt fast alles und fast immer.

Zudem hat Günther Jauch einen sehr ausgeprägten Familiensinn, denn in der zweiten Zeile finden sich drei Zahlen. Jauch pendelt aber zwischen zwei Seiten: Er will eine Familie haben, und gleichzeitig überlegt er, ob das gut für ihn ist. Es ist ein Mensch, der seine Freiheiten liebt und sie nicht aufgeben möchte. Wenn man einen solchen Menschen heiratet, sollte man froh sein, ihn überhaupt unter die Haube bekommen zu haben.

Hat Günther viele Gewohnheiten (3. Zeile)? Sechs Zahlen! Das heißt: sechs Gewohnheiten ... die ihn wohl oft von seinen Zielen abhalten.

Wie schätzt er sich selbst ein (1. Spalte)? Sieben Zahlen in dieser Spalte deuten auf ein gutes Selbstwertgefühl hin, gemischt mit etwas Vorsicht und Zweifel. Er erreicht wohl meistens alle gesetzten Ziele. Er könnte sich jedoch ab und an verzetteln. Bei so vielen Zahlen in dieser Spalte nimmt man sich für sich selbst immer Zeit und frönt seinen Hobbys.

In der 2. Spalte sieht man Folgendes: Jauch ist impulsiv, beweglich, ein echtes Arbeitstier. Sein Prinzip lautet: schnell arbeiten, Pause machen und wieder zur Arbeit gehen.

Günther hat zwei kreative Talente (3. Spalte).

Wie sieht es aus mit dem Temperament und der Sexualität (aufsteigende Diagonale)? Ja, er ist temperamentvoll. Er kann zudem ohne Intimitäten nicht leben. Sie gehören zu seinem Leben dazu.

Sind spirituelle Anlagen bei Günther vorhanden (absteigende Diagonale)? Günther ist ein sehr spiritueller Mann und kennt die kosmischen Gesetze.

Fazit: Sein Glück musste Günther sich selbst erarbeiten ... bei nur einer Sieben war es wohl nicht anders möglich, doch er hat es geschafft! Jeder erarbeitet sich sein Schicksal selbst ...

Angelina Jolie und Brad Pitt

geboren am 04.06.1975 (Angelina)
und am 18.12.1963 (Brad)

Matrixberechnungen:

Angelina:

461975

325246

1	44	7
22	55	–
3	66	9

Brad:

18121963

3132911

111111	–	–
22	–	8
333	6	99

In der Matrix von Angelina sind fast alle Zahlen zu finden, nur die 8 fehlt. Sie hat wohl wenig Geduld. In der Matrix von Brad sind die Zahlen 4, 5 und 7 nicht vorhanden, was bedeutet, dass Brad ab und zu kränkeln kann und sich eher auf seine Intuition als auf die Logik verlässt. Zudem muss er sich das Glück in diesem Leben erkämpfen.

Aber wozu braucht man zwei Köpfe in einer Familie? Sie ist der Kopf, er ist der Bauch.

Beide haben die Kombination 22 und können Energie umsetzen. Der Spruch »Gleiches zieht Gleiches an« bestätigt sich hiermit. Brad und Angelina brauchen Energie von außen, und diese Energie bekommen sie durch ihr Familienleben. Sie geben aber auch gerne Energie ab, und beide neigen zum Spenden.

Wenn man die Charaktere der beiden vergleicht (Einser), sieht man einen großen Unterschied: Angelina kann bei ihrer einen Eins passiv sein. Zu ihr passt am besten ein Partner mit vier Einsern oder mehr, was Brad bietet (er hat sechs Einser). Brad ist charakterstark, wobei er auch schwierig sein kann. Widersprüche sind bei ihm der Alltag. Bei Angelina geht es meistens um Prinzipien, sie zählt auf Freunde. Brad hingegen zählt nur auf sich selbst. So kann es immer wieder zu Konfrontationen kommen. Angelina kann dazu auch machtgierig wirken, was Brad nicht verträgt. Brad dagegen kann sich zu hohe Ziele setzen und sich dadurch gedanklich verrennen.

Sind beide neugierig? Oh ja! Angelina eher weniger, aber Brad schon. Bei drei Dreiern wäre es für ihn sinnvoll, sich kreativ zu beschäftigen und nicht ausschließlich mit den Händen zu arbeiten, was er auch tut.

Und wer ist logischer von beiden? Klar, das ist Angelina. Mit ihren zwei Fünfern ist sie Brad weit voraus. Sie ist der Kopf der Beziehung, und Brad ist das Herz. Sie verlässt sich auf Logik und Kontrolle, er dagegen verlässt sich auf seine Intuition.

Wenn man sich die Sechser in der Matrix betrachtet, merkt man sofort, wer von beiden der Handwerker im Haus ist. Angelina hat ein gutes Händchen fürs Haus und ist sehr tüchtig. Brad dagegen bewegt die Welten mit seinem Kopf. Beide verhalten sich klug in der Beziehung und lösen ihre Probleme eher unter vier Augen.

Angelina kann vergesslich wirken und wird durch Brad immer wieder auf den Boden der Tatsachen gebracht. Brad ist spirituell veranlagt und kann oft zu weit abheben, was Angelina wiederum verhindern kann. Sie passen wirklich gut zueinander.

Wer ist eingebildeter? (1. Spalte): Hier hat Angelina vier Zahlen, Brad elf. Je mehr Zahlen diese Vertikale enthält, desto mehr will man sich von der Masse abheben, desto egoistischer wird der Mensch. Also ist Brad der wahre Macher, egoistisch, aber trotzdem scheu. Angelina dagegen hat ein gutes Selbstbewusstsein. Sie will eine Persönlichkeit sein und geht ihren Weg, allerdings nicht immer in die richtige Richtung.

Wer kontrolliert wen in dieser Beziehung (2. Spalte)? Angelina hat sechs Zahlen und Brad nur eine Zahl in der Matrix. Kraft, Selbstkontrolle, Wille, materielle Unabhängigkeit, das Bemühen, das Heim schön zu gestalten, die Familie gut zu versorgen ... All diese Werte sind bei Angelina stärker ausgeprägt als bei Brad. Je mehr Zahlen beim Mann vorliegen, desto fester ist die Bindung zur Familie. Wenn die zweite Spalte bei der Frau mehr Zahlen aufweist, wird empfohlen, dass sie dem Mann einige Probleme und Entscheidungen überlässt und ihm so die Möglichkeit bietet, einige Sachen in Eigenregie durchzuführen. Wird sie so klug sein? Dann wird diese Ehe halten.

Wer hat mehr Gewohnheiten (unterste Zeile)? Mit fünf Zahlen ist Angelina ein Mensch, der eine sehr stabile Natur hat. Ein solcher Typ umhüllt sich regelrecht mit seinen Gewohnheiten. Angelina erschafft eine stabile Umgebung. Sehr schwierig wird es, wenn es um einen Wechsel geht oder wenn sie die Gewohnheiten, die sie hat, aufgeben muss. Bei sechs Zahlen bei Brad haben wir eine Überforderung. Er pflegt unzählige Gewohnheiten, die ihn von seinen Zielen abhalten. Er bekämpft hier sich selbst und seine Stabilität und tendiert eher zur Unschlüssigkeit. Beide sind sicher, dass die Beziehung funktionieren wird, auch wenn man daran nicht sonderlich arbeitet.

Wer von beiden ist familienbezogener (zweite Zeile)? Angelina oder Brad? Angelina weist vier und Brad drei Zahlen auf. Bei ihren vier Zahlen will Angelina eine Familie gründen, und sie macht es auch so schnell wie möglich. Dieser Typ ist für gewöhnlich selten der Grund für eine Trennung, und wenn eine solche fällig ist, stellt er sich quer und versucht, die Familie zu erhalten und zusammenzuschweißen. Bei Brads drei Zahlen ist er der Typ, der zwischen zwei Seiten pendelt: Er will eine Familie haben, und gleichzeitig überlegt er, ob das gut für ihn ist. Er ist ein Mensch, der seine Freiheiten liebt und sie nicht aufgeben möchte. Wenn man einen solchen Menschen heiratet, sollte man froh sein, ihn überhaupt unter die Haube bekommen zu haben.

Und nun zu einem heiklen Thema: Wer braucht mehr Sex von beiden (Diagonale mit den Zahlen

3, 5 und 7)? Angelina hat vier und Brad drei Zahlen in dieser Diagonale. Hier passt eigentlich alles. Temperament und Sexualität von den beiden stimmen überein. Angelina zeigt ihre Stärke und übernimmt die führende Rolle.

Michael Schumacher

geboren am 03.01.1969

Matrixberechnung:

311969

2911235

1111	-	-
22	5	-
33	6	999

Michael Schumachers Matrix beinhaltet vier Einser, was auf einen starken Willen schließen lässt. Menschen mit vier Einsern wissen zudem, was sie wollen.

Bei zwei Zweiern hat Michael die »goldene Mitte« an Energie erreicht.

Die Drei zeigt an, ob ein Interesse an Wissenschaft oder Technik vorliegt. Bei zwei Dreiern ist Schumacher ein Mensch, der viel von Technik versteht. Wie kann es auch anders sein bei einem Formel-1-Meister?

Bei keiner Vier ist es wichtig, mehr auf die Gesundheit zu achten. Hier fördert Sport, natürlich ohne zu übertreiben, die Gesundheit, denn von Geburt an steht die Gesundheit hier nur auf schwachen Beinen.

Die Fünf ist die Zahl der Logik, und bei nur einer Fünf spricht man von einer schwachen Logik.

Die Sechs steht für handwerkliches Geschick. Bei nur einer Sechs kann man hier davon ausgehen, dass er die Welt lieber mit seinem Kopf bewegt als mit den Händen.

Die Sieben gilt als Glückszahl. Bei keiner Sieben muss er sich immer viel Mühe geben, um etwas zu erreichen, was Herr Schumacher bis jetzt auch getan hat.

Die Acht ist die Zahl der Geduld ... und die scheint nicht gerade seine Stärke zu sein. Aber bei seiner Berufung ist es wahrscheinlich sogar gut, keine Geduld zu haben.

Michael hat mehrere Neuner, die auf eine gute Intuition hindeuten, also entscheidet er mit seinem Bauch. Er fantasiert daneben gerne, und man kann bei ihm von einem sehr sensitiven Menschen sprechen.

Die erste Zeile mit den Zahlen 1, 4 und 7 steht für die Zielsetzungen eines Menschen. Bei vier Zahlen ist Michael Schumacher sehr zielgerichtet. Er sucht sich ein Ziel aus und handelt dann auch sehr rasch, um es zu erreichen.

Die zweite Zeile mit den Zahlen 2, 5 und 8 zeigt an, wie stark der Wunsch, eine Familie zu haben, ausgeprägt ist. Bei drei Zahlen ist Michael ein Familienmensch. Doch früher pendelte er bestimmt zwischen zwei Möglichkeiten: eine Familie haben oder nicht? Denn er ist ein Mensch, der seine Freiheiten liebt und sie nicht aufgeben möchte.

Die dritte Zeile mit den Zahlen 3, 6 und 9 zeigt an, wie es mit der Stabilität und den Gewohnheiten aussieht. Michael hat eine sehr stabile Natur, und er umhüllt sich buchstäblich mit seinen Gewohnheiten.

Die erste Spalte mit den Zahlen 1, 2 und 3 macht eine Aussage über die Selbsteinschätzung. Je mehr Zahlen diese Säule enthält, desto mehr will man sich von der Masse abheben. Michael kann sich schnell verzetteln und vergisst dadurch oft den Inhalt der gesetzten Ziele, die dadurch nicht immer erreicht werden. Er nimmt sich viel Zeit für sich und frönt bestimmt auch seinen Hobbys.

Die zweite Spalte mit den Zahlen 4, 5 und 6 zeigt an, wie man zu Themen wie Unabhängigkeit und Kontrolle steht. Kraft, das Bestreben nach materieller Unabhängigkeit und das Bemühen, die Familie gut zu versorgen, liegen Michael im Blut.

Die dritte Spalte mit den Zahlen 7, 8 und 9 zeigt an, wie es mit den kreativen Talenten aussieht. Je mehr Zahlen, desto mehr Talente und Stärken liegen vor. Michael Schumacher hat drei große Talente.

Die aufsteigende Diagonale (von links unten nach rechts oben): Wie sieht es mit Sexualität und Temperament aus? Drei Zahlen sind die goldene Mitte. Man kann sich jeden Tag mit dem Partner vereinigen, aber auch lange warten.

Die absteigende Diagonale (von links oben nach rechts unten) macht eine Aussage über das Bewusstsein und spirituelle Anlagen. Bewusstsein, Religion und Spiritualität liegen bei Schumacher vor. Bei acht Zahlen spricht man von Menschen, die an Idole glauben und sich aber auch in spiritistischem Unfug verlieren können.

Tiger Woods

geboren am 30.12.1975

Matrixausrechnung:
3121975
281224

111	4	7
2222	5	8
3	–	9

Bei drei Einsern ist Tiger Woods sehr umgänglich und kommt mit fast jedem Menschen zurecht. Er ist ein »goldener« Charakter.

Die Zwei ist die Energiezahl, und auch hier sehen Sie einen totalen Power-Menschen! Bei vier Zweiern spricht man von einer perfekten Energetik. Tiger ist ein Energievulkan, ein Energiespender, der viel freie Energie zur Verfügung hat. Tiger Woods sollte theoretisch Katzen lieben.

Bei einer Drei hatte er die freie berufliche Wahl und ist sehr kreativ.

Bei nur einer Vier ist mehr auf die Gesundheit zu achten. Aber bei so vielen Zweiern ist dies auch kein Problem, denn viel Energie puscht das Wohlbefinden.

Tiger Woods besitzt in seiner Matrix nur eine Fünf, und dann spricht man von einer schwachen Logik. Es wird gerne fantasiert.

Die Sechs ist die Zahl für handwerkliches Geschick. Da Tiger Woods keine Sechser in der Matrix hat, ist er ein Mensch, der die Welt lieber mit dem Kopf bewegt als mit den Händen.

Die Sieben gilt als Glückszahl, Tiger besitzt eine davon. Ein wenig Glück hat er also im Leben: Einiges klappt, ohne sich anzustrengen, anderes muss durch Mühe erworben werden.

Es ist jedoch schwierig mit nur einer Acht, da Geduld keine Stärke von Tiger Woods ist.

Da er nur eine Neun hat, kann er sich entscheiden, ob er die Entscheidung mit dem Kopf oder mit dem Bauch trifft. Das Problem hier ist, dass Kopf und Bauch oft einen Kampf führen.

Die erste Zeile mit den Zahlen 1, 4 und 7 steht für die Zielsetzungen. Tiger Woods bekommt das, was er will. Bei fünf Zahlen kann es auch nicht anders sein.

Die zweite Zeile mit den Zahlen 2, 5 und 8 steht für den Wunsch, eine Familie zu haben. Er kann mit sechs Zahlen nicht alleine sein, sondern braucht einen Menschen in seiner Nähe. Solche Menschen suchen jedoch nach ihrem Ideal, was eine Familiengründung ausbremsen kann. Haben sie ihren Prinzen oder ihre Prinzessin aber gefunden, lassen sie ihn oder sie nie mehr los.

Die dritte Zeile mit den Zahlen 3, 6 und 9 steht für die Stabilität sowie für die Gewohnheiten, denen ein Mensch anhängt. Tiger ist ein in seinen Gewohnheiten instabiler Mensch. Er wechselt sie ohne Grund oder lässt seine früheren Gewohnheiten wieder aufleben.

Die erste Spalte mit den Zahlen 1, 2 und 3 steht für die Selbsteinschätzung. Acht Zahlen sind hier zu viel, denn man verzettelt sich und vergisst den Inhalt der gesetzten Ziele. Die Ballung von Zahlen deutet auch auf einen ungesunden Egoismus hin.

Die zweite Spalte mit den Zahlen 4, 5 und 6 behandelt die Themen Unabhängigkeit und Kontrolle. Hier ist alles so weit in Ordnung. Tiger ist unabhängig, kennt aber seine Grenzen. Er denkt, dass er die Familie ernähren muss, deshalb nimmt er das Leben so, wie es ist, an.

Die dritte Spalte mit den Zahlen 7, 8 und 9 steht für kreative Talente. Hier liegen drei Talente vor, die angeboren sind, und eines davon ist bestimmt der Sport.

Die aufsteigende Diagonale (von links unten nach rechts oben) mit den Zahlen 3, 5 und 7 sagt etwas über das Temperament und die Einstellung zur Sexualität aus. Hier ist die goldene Mitte zu sehen. Er kann sich jeden Tag mit dem Partner vereinigen, das ist aber kein Muss. Die angeborenen Qualitäten werden jedoch nicht immer gelebt, wie man bei Tiger Woods sehen konnte. Er hat zudem eine 2222, was auf eine enorme Energie hinweist, sodass ihn eine einzige Partnerin nicht immer zufriedenstellen kann.

Die absteigende Diagonale (von links oben nach rechts unten) mit den Zahlen 1, 5 und 9 steht für Bewusstsein und spirituelle Anlagen. Ab fünf Zahlen ist eine hohe Spiritualität gegeben. Hier: Tiger glaubt an Idole und kann dazu neigen, spiritistischen Unfug zu glauben.

Paris Hilton

geboren am 17.02.1981

Matrixberechnung:
1721981
2911279

11111	–	77
222	–	8
–	–	999

Paris Hilton ... diesen Namen hat jeder schon gehört, und bei fünf Einsern ist das auch kein Wunder. Paris Whitney Hilton wurde in New York City geboren. Bekannt wurde sie als zukünftige Erbin des Hilton-Vermögens, das insgesamt rund 26 Milliarden US-Dollar betragen soll. Hat Paris Glück im Leben? Bei zwei Siebenern hat sie durchaus Glück, was Geld angeht. In der Liebe sieht es leider nicht danach aus.

Gehen wir nun die Matrix von Paris Hilton durch. In ihrer Matrix fehlen vier Zahlen: 3, 4, 5 und die 6. Die zugehörigen Eigenschaften sind also schwach ausgeprägt (dazu später).

Die Eins ist die Charakterzahl, sie symbolisiert aber auch den Willen und Machtgier. Wir wissen, dass in einer Partnerschaft ein Partner mindestens zwei Einser mehr als der andere aufweisen sollte, damit es nicht zu Spannungen kommt. Für Paris ist es schwer, einen geeigneten Partner zu finden, da sie einen dominanten Part sucht, selbst jedoch auch sehr dominant ist mit fünf Einsern. Man könnte sogar sagen: Dominanter geht es nicht mehr ... und genau das wird ihr zum Verhängnis. Sie ist eine Führungspersönlichkeit und weiß genau, was sie will. Paris Hilton versucht seit 2004 auch, sich als Sängerin zu etablieren und nahm sogar ein Album auf - obwohl man ihr davon abriet, aber daran sieht man, wie dickköpfig sie sein kann.

Wenn es in der Matrix nun noch mehrere Zweier gibt, dann geht es richtig los! Die Zwei ist die Energiezahl, die sogenannte Chi-Zahl. Je mehr Zweier, desto mehr Energie hat ein Mensch. Paris hat ganze drei davon, und bei drei Zweiern sprechen wir von einer sehr guten Energie.

Die Drei steht dagegen für ein Interesse an Wissenschaft und Technik - das bei Paris gleich null ist. Keine Drei bedeutet jedoch auch, dass sie sich nicht anstrengen muss, das Geld ist da.

Die Vier ist die Gesundheitszahl, und je mehr Vierer, umso besser und stabiler ist die Gesundheit eines Menschen. Bei keiner Vier ist mehr auf die Gesundheit zu achten, denn von Geburt an steht sie nur auf schwachen Beinen. Die Energie des Menschen (die Zwei) gleicht aber solch ein Defizit meistens aus.

Die Fünf ist die Zahl der Logik und des analytischen Verstandes. Leider ist sie bei Paris auf der Strecke geblieben. Sie fantasiert stattdessen lieber und lebt »in den Wolken«.

Die Sechs steht für handwerkliches Geschick, und bei keiner Sechs spricht man von einem Menschen, der die Welt lieber mit seinem Kopf bewegt als mit den Händen. Das Erlernen eines Handwerks wäre daher nichts für Paris.

Glück im Leben hat Paris auch, da sie eine 77 besitzt. Man kann sie somit einen Glückspilz nennen.

Die Acht ist die Zahl der Geduld und Güte. Bei einer Acht ist Paris Hilton nicht besonders geduldig.

Dafür hat Paris drei Neuner, also ist sie ein Mensch, der nur nach dem Bauchgefühl entscheidet. Drei Neuner stehen zudem für eine spirituelle Entwicklung, die noch nicht abgeschlossen ist. Hier spricht man auch von einem sehr fühlenden, intuitiven Menschen.

Die erste Zeile mit den Zahlen 1, 4 und 7 steht für die Zielsetzungen des Menschen. Bei sieben Zahlen wie hier ist man überlastet. Man setzt sich viel zu hohe Ziele, die meistens gar nicht erreicht werden können, oder gar zu viele Ziele auf einmal. Genau das bremst Paris aus, und sie erreicht das Wichtigste erst spät oder überhaupt nicht. Sie sollte darauf achten, sich nicht zu verzetteln.

Die zweite Zeile mit den Zahlen 2, 5 und 8 steht für den Wunsch, eine Familie zu haben. Bei vier

Zahlen will Paris eine Familie gründen, doch hier gibt es ein »Aber«: Zu viel Dominanz und Sturheit schrecken die potenziellen Partner ab.

Die dritte Zeile mit den Zahlen 3, 6 und 9 steht für die Stabilität sowie für Gewohnheiten. Paris ist ein in seinen Gewohnheiten instabiler Mensch. Sie wechselt sie ohne Grund oder lässt ihre früheren Gewohnheiten wieder aufleben.

Die erste Spalte mit den Zahlen 1, 2 und 3 steht für die Selbsteinschätzung. Acht Zahlen sind hier zu viel. Sie verzettelt sich und vergisst den Inhalt der gesetzten Ziele, die meistens auch nicht erreicht werden. Außerdem ist Paris zu egoistisch. Sie nimmt sich für sich selbst viel Zeit, pflegt sich stundenlang oder frönt ihren Hobbys.

Die zweite Spalte mit den Zahlen 4, 5 und 6 steht für Unabhängigkeit und Kontrolle. Keine Zahlen sagen uns, dass Paris Hilton meistens zu Hause oder unterwegs ist - und weniger bei der Arbeit. Partys, Partys und wieder Partys ... Meistens arbeitet solch ein Mensch nicht und lebt auf Kosten des Partners oder der Eltern.

Die dritte Spalte mit den Zahlen 7, 8 und 9 steht für kreative Talente. Paris hat viele Talente, sechs sind zu erkennen in der Matrix.

Die aufsteigende Diagonale (von links unten nach rechts oben) mit den Zahlen 3, 5 und 7 steht für Temperament und den sexuellen Appetit. Zwei Zahlen wie hier sind Durchschnitt. Man kann sich jeden Tag mit dem Partner vereinigen, aber auch lange warten.

Die absteigende Diagonale (von links oben nach rechts unten) mit den Zahlen 1, 5 und 9 steht für Bewusstsein und spirituelle Anlagen. Ab sechs Zahlen spricht man von Menschen, die an Idole glauben und empfänglich sind für esoterischen Unfug und Übertreibungen. Und Paris hat acht Zahlen in der Matrix ... Sie ist somit ab und zu abgehoben und hat wenig Realitätsbezug.

Weitere numerologische Methoden

Im wievielten Leben befinde ich mich?

Bei unserem Beispiel haben sich folgende Zahlen ergeben:

10 08 1973
29 11 27 9

Wenn wir erfahren wollen, wie viele Leben die Person mit dem Beispieldatum 10.08.1973 in den letzten 1000 Jahren gelebt hat, so zählen wir alle Zahlen zusammen; die Nullen beachten wir jedoch nicht. Jede Zahl wird dabei als ein Leben gezählt. Die Höhe der Zahl wird nicht bewertet.

1, 8, 1, 9, 7, 3, 2, 9, 1, 1, 2, 7, 9: Das sind insgesamt 13 Ziffern. Das bedeutet, dass diese Person gerade ihr 13. Leben lebt. Man kann im Übrigen höchstens 15 Leben in einem Jahrtausend erreichen.

Berechnung der Familienstabilität

Eine Berechnung der Familienstabilität kann uns zeigen, wann mit einer Familienkrise zu rechnen ist und wer dafür verantwortlich ist. Dafür untersuchen wir zwei Ebenen: die seelische und die häusliche. Die seelische Stabilität deutet auf Ruhe und Geborgenheit hin, die häusliche spricht für eine sichere finanzielle Lage.

Sehen Sie zunächst für jeden Partner nach, wie viele Zahlen sich in den Diagonalen, Zeilen und Spalten befinden. Dabei gilt:

A aufsteigende Diagonale (Sexualität)
B 3. Zeile (Stabilität der Familie)
C 2. Zeile (Familienqualität)

Die häusliche Stabilität der Ehe (ABC) errechnen wir folgendermaßen: A x B x C (multipliziert)

D absteigende Diagonale (Glaube)
E 1. Spalte (Selbsteinschätzung)
F 1. Zeile (Zielstrebigkeit)

Errechnen wir nun genauso die seelische Stabilität der Ehe (DEF):
D x E x F (multipliziert)

Gesamte Formel:
Familienstabilität = ABC (Mann) + ABC (Frau) + DEF (Mann) + DEF (Frau)

Diese Berechnung ergibt die Familienstabilität in Tagen. Wenn Sie die Familienstabilität in Jahren errechnen wollen, dann teilen Sie das Ergebnis durch 365 (Tage).

Für jeden Partner sind gesonderte Berechnungen vorzunehmen. Beispiel:

Mann:

1111 (1)	4 (4)	77 (7)
222 (2)	5 (5)	– (8)
– (3)	– (6)	999 (9)

Frau:

1 (1)	– (4)	7 (7)
2 (2)	55 (5)	8 (8)
333 (3)	6 (6)	99 (9)

Zählen Sie, wie viele Zahlen in jeder Zeile und in jeder Spalte zu finden sind sowie wie viele in jeder Diagonalen.

In unserem Beispiel oben hat der Mann:

A (= aufsteigende Diagonale) eine Fünf und zwei Siebener, insgesamt also drei Zahlen, das ergibt die 3.

B (= die unterste Zeile): Hier gibt es nur drei Neuner, das ergibt ebenfalls die 3.

C (= die mittlere Zeile): Hier gibt es drei Zweier und eine Fünf, zusammen sind das vier Zahlen, das ergibt also die 4.

Und nun werden alle Ergebnisse multipliziert:

A x B x C = 3 x 3 x 4 = 36

Die gleiche Berechnung wird bei der Frau vorgenommen.

A (= aufsteigende Diagonale): Hier gibt es drei Dreier, zwei Fünfer und eine Sieben, insgesamt also sechs Zahlen, das ergibt die 6.

B (= die unterste Zeile): Hier gibt es drei Dreier, eine Sechs und zwei Neuner, insgesamt also sechs Zahlen, das ergibt die 6.

C (= die mittlere Zeile): Hier gibt es eine Zwei, zwei Fünfer und eine Acht, das sind insgesamt vier Zahlen, das ergibt die 4.

Und nun wird alles wieder multipliziert:

A x B x C = 6 x 6 x 4 = 144

Die Werte für DEF werden genauso berechnet. Noch einmal alle Werte in der Übersicht:

ABC (Mann): 3 x 3 x 4 = 36

ABC (Frau): 6 x 6 x 4 = 144

DEF (Mann): 8 x 7 x 7 = 392

DEF (Frau): 5 x 5 x 2 = 50

Danach werden die Werte wie oben beschrieben addiert, um die Familienstabilität zu errechnen:

ABC (Mann) + ABC (Frau) + DEF (Mann) + DEF (Frau) = 36 + 144 + 392 + 50 = 622 (in Tagen; in Jahren: 1,7)

Ebenfalls ausrechnen kann man:
ABC gesamt von Mann und Frau = 36 x 144 = 5184 : 365 ≈ 14 Jahre bis zur Krise.

DEF gesamt von Mann und Frau = 392 x 50 = 19600 : 365 ≈ 53 Jahre bis zur Krise.

Fazit: Die häusliche Verantwortung liegt hier bei der Frau.

Bedeutung der Partnerschaftszahl

Ich habe in einem der vorangegangenen Kapitel beschrieben, wie man eine Beziehung mithilfe der Psychomatrix beurteilen kann. Doch es gibt noch eine einfachere Berechnung, die nach dem Buchstaben- oder Zahlenprinzip funktioniert, wobei Sie Ihren Vornamen und den Vornamen Ihres Partners in Zahlen umformen.

Buchstaben			Zahl
A	J	S	1
B	K	T	2
C	L	U	3
D	M	V	4
E	N	W	5
F	O	X	6
G	P	Y	7
H	Q	Z	8
I	R		9

Gehen Sie dafür wie folgt vor: Ordnen Sie mithilfe der Tabelle jedem Buchstaben Ihres Vornamens und dem Ihres Partners die entsprechenden Zahlen zu. Zählen Sie alle Zahlen des Vornamens zusammen und bilden Sie so lange die Quersumme, bis eine einstellige Zahl stehen bleibt. Das Gleiche machen Sie mit dem Vornamen Ihres Partners. Zählen Sie dann beide Zahlen zusammen, bis wieder nur eine einstellige Zahl übrig bleibt.

Beispiel: Nehmen wir an, Sie heißen Maria und Ihr Partner heißt Anton. Dann ergibt sich folgende Endsumme aller Zahlen:

Maria	+	Anton
41991	+	15265
24	+	19
6	+	10
6	+	1
	= 7	

Die Endsumme ist 7, das ist Ihre Partnerschaftszahl.

Sehen Sie nun selbst nach, welche Bedeutung die einzelnen Zahlen für Ihre Partnerschaft haben.

1 Eine sehr starke Beziehung mit viel Sinn für das Leben. Einer von Ihnen ist dominanter als der andere. Sie suchen Perfektion. Sexuelle Auseinandersetzungen wegen unterschiedlicher sexueller Bedürfnisse? Sie führen dennoch eine fast übersinnliche Beziehung mit viel Pfiff.

2 Sie haben verschiedene Ansichten, die Beziehung ist deshalb extrem. Aber Sie sind trotzdem ein himmlisches Paar. Treue ist für Sie aber ein Fremdwort.

3 Ein ideales Paar, das zueinander passt, seelisch und sexuell. Sie sind ausgeglichen, jedoch beide eifersüchtig.

4 Bedeutet eine beständige Beziehung, fest, aber langweilig. Es fehlen die kleinen Überraschungen, die das Herz höher schlagen lassen.

5 Dies ist eine natürliche und leidenschaftliche Beziehung, aber eher geistig als sexuell betrachtet. Deshalb gelingt es einer dritten Person hier oft, in die Beziehung einzubrechen und eine Gefahr darzustellen.

6 Die Beziehung strahlt Harmonie aus, obwohl beide nicht unbedingt treu sind. Meist handelt es sich hier um eine eher offene Beziehung, die nur selten hält.

7 Eine selten harmonische, auch leichte und quirlige Beziehung ist hier gegeben. Wenn keiner der beiden klammert, wird sie gut funktionieren. Wenn die Partner nicht ehrlich zueinander sind, ist die Trennung vorprogrammiert.

8 Die kältere Version einer Beziehung. Unbeständig. Es gibt dennoch Hoffnung. Reden Sie mehr miteinander, es gibt wichtigere Dinge im Leben als materielle Werte!

9 Eine karmische Beziehung, meistens mit größeren Reibungsflächen. Als Mensch wird man vom Schicksal gelenkt, um der anderen Person zu begegnen. Man kommt nicht an ihr vorbei, da die Beziehung ein Lerngeschenk für das Leben bereithält.

DIE NAMENSZAHL

Errechnen der Namenszahl

Kein Name wurde zufällig gewählt, sondern die einzelnen Buchstaben und deren Zahlenwerte können uns viel über uns verraten. Sie sollten daher einmal versuchen, Ihre Namenszahl zu errechnen, wobei gilt: Umlaute gelten als zwei Buchstaben, zum Beispiel ä ist gleichbedeutend mit a e.

Buchstaben			Zahl
A	J	S	1
B	K	T	2
C	L	U	3
D	M	V	4
E	N	W	5
F	O	X	6
G	P	Y	7
H	Q	Z	8
I	R		9

Schreiben Sie Ihren Namen auf, wie er in Ihrer Geburtsurkunde steht, zum Beispiel Anna Maria Winter. Schreiben Sie unter die Buchstaben die dazugehörige Zahl (aus der oben stehenden Tabelle), zum Beispiel:

Anna	Maria	Winter
1551	41991	595259

Wir addieren alle Zahlen und bilden aus der Endsumme die Quersumme:
1 + 5 + 5 + 1 + 4 + 1 + 9 + 9 + 1 + 5 + 9 + 5 + 2 + 5 + 9 = 71 = 7 + 1 = 8

Die Quersumme ergibt die 8, das ist die Namenszahl des Beispiels. In unserem Fall bedeutet dies für Anna Maria Winter, dass sie einen starken Willen hat. Sie ist ein Sieger! Zusätzlich ist sie mit der Namenszahl 8 ein temperamentvoller und toleranter Mensch. Beruflich wird sie Erfolg haben, denn sie gilt als eine Führernatur. Ferner sprechen wir ihr Kraft und Ausdauer zu, die ihr helfen, ihre Ziele zu erreichen. Sie weiß immer, was sie will. Dabei ist sie auch noch ein ausgesprochen eleganter und höflicher Mensch.

Besonderheiten bei Namen

Adoption:

In der Geburtsurkunde steht noch der ursprüngliche Name, während im Personalausweis der neue Name zu finden ist. Für die Berechnung der Namenszahl können Sie beide Namen verwenden. Dabei gilt: Wenn Sie den Namen aus der Geburtsurkunde berechnen, so deutet dieser auf die Werte hin, die das Individuum von Geburt an besitzt. Wurde der Name geändert, so ergibt sich eine neue Namenszahl, die anzeigt, welche neuen Ziele der Mensch jetzt verfolgt. Weil nichts »einfach so« passiert, wird dieser Person vom Schicksal ein neuer Weg vorgegeben, um etwas Neues zu erreichen. Somit können die Werte, die bei der Geburt galten, durch die neuen Werte ersetzt - oder besser - ergänzt werden.

Identitätswechsel:

Bei politisch verfolgten Personen gilt der neue Name, dessen Werte dann die Werte des Ursprungsnamens ersetzen oder ergänzen.

Zeugenschutzprogramm:

Bei Personen im Zeugenschutzprogramm mit neuer Identität und neuem Namen gilt ebenfalls der neue Name, dessen Werte dann die Werte des Ursprungsnamens ersetzen oder ergänzen.

Einbürgerung/Einwanderung:

Bei Personen, deren Namen sich durch die Schreibweise des Landes, in dem sie derzeit leben, geändert hat, gilt der neue Name, dessen Werte dann die Werte des Ursprungsnamens ersetzen oder ergänzen.

Falsche Schreibweise:

Bei Personen, deren Name falsch übernommen wurde - zum Beispiel Raimund mit e statt mit a –, gilt der neue Name im Personalausweis, dessen Werte dann die Werte des Ursprungsnamens ersetzen oder ergänzen.

Künstlername:

Bei Personen mit einem Künstlernamen gilt grundsätzlich der Geburtsname. Die Werte, die von Geburt an vorgegeben sind, werden nicht ersetzt, sondern durch die neue Namenszahl nur ergänzt.

Ein Beispiel für eine falsche Schreibweise: Mein Geburtsname ist Vadim Tschen*s*e, später wurde jedoch ein Buchstabe verändert und der Name lautete dann Tschen*z*e. Die Namenszahl wurde hiermit auch verändert, und daraus ergaben sich neue Ziele, die die ursprünglichen ergänzten.

Vadim Tschen*s*e
41494 21385515 = 52 = 7

Von Geburt aus steht mir Glück zu, ich habe eine reiche Fantasie, neige aber auch zu Melancholie. Ferner zeichnen mich eine große Tierliebe, Naturbezogenheit und Tiefsinnigkeit aus. Diese Werte bleiben erhalten.

Vadim Tschen*z*e
41494 21385585 = 59 = 14 = 5

Hinzu kamen also noch: Logik, organisatorische Fähigkeiten, Vitalität und Abwechslung. Das Hinzugekommene ist das, was der Mensch zu lernen hat.

Bedeutung der Namenszahl

1 Mit der Namenszahl 1 sind Sie ein autoritärer und oft schwieriger Mensch. Sie haben ein ausgeprägtes Selbstbewusstsein, und in Beziehungen sind sie leidenschaftlich und außergewöhnlich.

Im Beruf sind Sie eine Führungspersönlichkeit und besitzen sehr viel Selbstvertrauen, strahlen aber auch Dominanz aus. Sie sind unabhängig und zielstrebig.

2 steht für Energie und Diplomatie. Wenn Sie die Namenszahl 2 haben, sind Sie ein energischer Mensch, der oft unsicher ist, wie er mit seiner Energie umgehen soll. Sie haben jedoch viel Verständnis und Geduld für andere, sind einfühlsam, ehrlich, taktvoll, offen und hilfsbereit.

3 steht für Kreativität und Freundlichkeit. Wenn Sie die Namenszahl 3 haben, sind Sie ein dynamischer Mensch, der immer nach etwas Neuem sucht. Sie sind gesellig und offen, optimistisch, unterhaltsam und fröhlich.

4 ist die Zahl von Gesundheit und Fleiß. Mit der Namenszahl 4 sind Sie ein gesunder, organisierter, pünktlicher und geduldiger Mensch. Zu Hause sind Sie ordentlich und erwarten das auch von den anderen. Sie sind loyal, fleißig und rational.

5 ist die Zahl der Logik und deutet auf organisatorische Fähigkeiten hin. Mit der Namenszahl 5 sind Sie ein vielseitiger, vitaler Mensch. Sie lieben Ihre Freiheit, Abwechslung und Spaß.

6 steht für Handwerk und Verantwortung. Mit der Namenszahl 6 sind Sie ein verantwortungsbewusster und gerechter Mensch. Sie sind sehr häuslich und familienbezogen.

7 deutet auf Glück und Fantasie hin, steht aber auch für Melancholie. Mit der Namenszahl 7 sind Sie ein tiefsinniger und kluger Mensch. Sie sind stilsicher, charmant, überraschend und tierlieb, und Sie lieben die Natur.

8 steht für einen starken Willen. Sie sind ein Sieger! Mit der Namenszahl 8 sind Sie ein temperamentvoller und toleranter Mensch. Sie haben beruflichen Erfolg und sind eine Führernatur. Sie besitzen Kraft und Ausdauer und wissen immer, was Sie wollen. Sie sind elegant und höflich.

9 steht für Großzügigkeit, spirituelle Talente und Intuition. Mit der Namenszahl 9 sind Sie ein spirituelles Naturtalent. Sie sind freundlich und hilfsbereit, frei, ohne Hemmungen, und Sie verwöhnen Ihre Mitmenschen mit Ihrer Liebe.

Lebensabschnitte

Das gesamte Leben wird in sogenannte Lebensabschnitte unterteilt. Diese verraten uns unsere Lebensziele und Aufgaben sowie die Prüfungen, die uns erwarten können.

- Den 1. **Abschnitt** würde ich als **Kükenalter** bezeichnen. Das Neugeborene lernt die Welt kennen und verstehen. Dieser Abschnitt dauert etwa bis zum ersten Lebensjahr.
- Den 2. **Abschnitt** bezeichne ich als das **Äffchenalter**. Dieses fängt mit dem ersten Lebensjahr an und dauert bis zum dritten oder vierten. Man entwickelt den Tastsinn, versucht, alles weiter zu erforschen, und erlebt eine psychische sowie physische Entwicklung. Das Kind fängt zu krabbeln und zu laufen an, es erforscht seine Umgebung.

- Den 3. **Abschnitt** bezeichne ich als **Charakterformalter.** Es beginnt mit dem vierten bis fünften Lebensjahr und dauert etwa bis zum sechsten oder siebten. Das ist das sogenannte Zickenalter. Das Kind entwickelt sich und durchlebt verschiedene Emotionen.

- Den 4. **Abschnitt** bezeichne ich als **Vorpubertätsalter.** Dies ist eine Phase, in der die Kräfte erprobt werden. Sie beginnt etwa mit dem achten Lebensjahr. Sie dauert bis ungefähr zum zwölften Lebensjahr und lässt uns neue Ziele entdecken. Manche Astrologen bezeichnen diese Zeit als »Pferdealter«.

- Der 5. **Abschnitt** ist die Pubertät. Man wird bockig und noch zickiger. Deshalb bezeichne ich diesen Abschnitt als **Bockalter.** Der Abschnitt beginnt etwa mit dem dreizehnten und dauert bis ungefähr zum siebzehnten Lebensjahr an. In dieser Zeit verändert sich der Charakter, man hat neue Ideen und Einsichten.

- Der 6. **Abschnitt** ist der der Verliebtheit und der ersten Liebe. Manche halten sich an das chinesische Horoskop und bezeichnen diesen Abschnitt als **Rattenalter.** Er beginnt etwa mit dem achtzehnten und endet mit dem 24. Lebensjahr. In dieser Zeit lernen wir, zu lieben und geliebt zu werden.

- Der 7. **Lebensabschnitt** bringt uns Erfolge in der Gesellschaft, die wir teilweise mit relativ viel Mühe erreichen. Deshalb nenne ich den Abschnitt **Mühealter**; manche Astrologen bezeichnen ihn auch als Schweinealter. Er dauert etwa vom 25. bis zum 31. Lebensjahr.

- Der 8. **Abschnitt** ist die Mitte unseres Lebens. Dieser Abschnitt ist sehr wichtig, denn je besser man diesen Abschnitt bewältigt, desto leichter gestaltet sich das weitere Leben. Ich nenne diese Phase **Aufblühphase**; manche Astrologen bezeichnen sie als Hundealter, das vom 32. bis zum 42. Lebensjahr andauert.

Themen dieses Abschnittes sind Familiengründung, der Erwerb eines Eigenheims, Pläne sowie die Entwicklung der Kreativität.

- Der 9. **Lebensabschnitt** ist das sogenannte **Schlangenalter.** Er beginnt mit dem 43. und endet mit dem 54. Lebensjahr. In diesem Abschnitt unseres Lebens werden wir durch Krisen geprüft. Durch diese gelangen wir jedoch zu neuen Erfolgen und können uns bestätigen.

- Der **10. Lebensabschnitt** ist das sogenannte **Reifealter;** einige Astrologen bezeichnen ihn auch als das Drachenalter. Er beginnt mit dem 55. und endet mit dem 70. Lebensjahr. In dieser Zeit haben wir die Lebenskrisen überstanden. Nun geht es um die Suche nach göttlicher Kraft und nach dem Sinn des Lebens.

- Der **11. Abschnitt** unseres Lebens ist unserer Selbsterkenntnis gewidmet. Das sogenannte **Katzenalter** beginnt mit dem 71. und erstreckt sich bis zum 84. Lebensjahr. In dieser Zeit versuchen wir, endgültig zu verstehen, warum wir auf diese Welt gekommen sind.

- Der 12. **Abschnitt** ist das sogenannte **Sprungalter**; manche Astrologen sprechen auch vom Tigeralter. Es beginnt mit dem 85. Lebensjahr und begleitet uns bis zum Abschied von dieser Welt. Wir haben viel gelernt, und nun versuchen wir, anderen zu verzeihen.

Die Schicksalszahl

Wir alle sind einzigartig - wir sind eins und trotzdem individuell. So wie alle Produkte im Supermarkt einen Barcode besitzen, der die Eigenschaften des Produktes beschreibt, so besitzen auch wir Menschen einen sogenannten Schicksalscode, der numerologisch aus unserem Geburtsdatum errechnet werden kann. Dieser Code enthält Ihre Lebensaufgaben.
Schauen Sie gleich nach, welche Zahlen dieser Code enthält, und lesen Sie in der Bedeutung der Zahlen nach, welche Aufgaben Sie mitgebracht haben.

Der Code lässt sich sehr einfach errechnen. Ich bin beispielsweise am 10.08.73 geboren, daher schreibe ich das Datum wie folgt auf (ohne die Neunzehnhundert aus dem 1973):

100873

Nun ordnen Sie die Zahlen aufsteigend von 1 bis 9. Die Nullen bei den Ziffern 10, 20, 30 und so weiter kommen dabei immer nach hinten. Die Nullen von 01, 02, 03 und so weiter werden nicht berücksichtigt. Aus meinem Geburtsdatum ergibt sich dadurch der Code:

13780

So ein Code kann 3-, 4-, 5- oder 6-stellig sein. Je mehr verschiedene Zahlen solch ein Code enthält, desto mehr Aufgaben hat die Seele in diesem Dasein zu erledigen. Sollte der Code nur 4-stellig sein, geht es hier um eine reife Seele. Einen solchen Code haben oft auch Indigokinder.

Beispiele:

06.01.2004 = Der Code: **146**
07.08.2003 = Der Code: **378**
23.07.2005 = Der Code: **2357**

Oder:
08.08.1962 = Der Code: **2688**

Auch die Kombination 111 oder 99 kann auf ein Indigokind hindeuten:

12.11.1995 = Der Code: ***111*****259**
14.05.1999 = Der Code: **145*****99***

Man kann aus dem Code noch die Quersumme bilden, diese ergibt eine Lebenszahl. Daneben lässt sich aus dem Code ein zentrales Lebensthema errechnen. Die mittleren Zahlen bei 4- oder 6-stelligen Codes zeigen hier die Mittelthemen des Lebens. Sollte man einen 3- oder 5-stelligen Code besitzen, so gibt es nur eine Zahl:

06.01.2003 = Der Code: 136
3 ist also das mittlere Thema des Lebens.

14.11.1956 = Der Code: 111456

1 und 4 sind hier die mittleren Themen des Lebens.

22.12.1999 = Der Code: 122299

2 ist das Mittelthema.

Zu den einzelnen Themen erfahren Sie im Folgenden Näheres.

Man kann in den Zahlenketten auch erkennen, welches Ziel nach welchem folgt. Zum Beispiel:

07.12.1979 = Der Code: 12779

Die 7 ist das Mittelthema.

Das erste Ziel im Leben wäre die 1, und das zweite, darauffolgende Ziel ist die 2. Dann folgen die 7 und die 9.

Sollte man in seinem mehrstelligen Code nur zwei verschiedene Zahlen haben, so ist man eine reife Seele. Beispiel: Der Code 11177, der sich aus dem Geburtsdatum 01.11.1977 ergeben hat.

Die mittleren Zahlen ermöglichen es, die erste Krise zu erkennen, und man kann ablesen, wann diese passierte. Die zweite Lebenskrise verraten die zweite und dritte Zahl, die dritte Lebenskrise die Kombination aus der dritten und vierten Zahl des Codes.

Beispiel:

17.4.65 = Der Code: 14567

1. Krise mit 5 Jahren
2. Krise mit 45 Jahren
3. Krise mit 56 Jahren

Noch ein Tipp, um einen Partner zurückzubekommen: Beide Codes auf einen Zettel untereinander schreiben. Tragen Sie vor allem Ihren eigenen Code immer mit sich, und er wird Sie auch bei allen Angelegenheiten schützen. Man kann den eigenen Code zum allgemeinen Schutz auch direkt auf die Haut schreiben.

Bedeutung der Codezahlen

1 Sie sollten lernen, sich selbst zu lieben. Das Thema »Einsamkeit« spielt hier eine große Rolle, und Ihr Ziel ist es, sie zu besiegen. Sie sind ein besonderer Mensch, sollten aber an Ihrem Selbstwertgefühl arbeiten. Leben Sie Ihre Intuition. Die 1 ist auch eine Motivationszahl!

2 Ihre Intuition ist sehr stark ausgebildet. Sie sollten jedoch lernen, an sich zu glauben und auf Ihre innere Stimme zu hören. Ihr Ziel: die Zweifel zu verarbeiten. Leben Sie Ihre heilenden Kräfte.

3 Sie sind ein tatkräftiger Mensch, der sehr originelle Einfälle haben kann. Arbeiten Sie an Ihrer Kritikfähigkeit. Leben Sie Ihre Medialität.

4 Sie wissen, was das Wort »Disziplin« bedeutet. Arbeiten Sie noch an Ihrer Geduld, und lernen Sie, auch einmal »Nein« zu sagen. Versuchen Sie, aktiver zu werden, seien Sie nicht träge. Leben Sie Ihre Spontaneität, und verbinden Sie sich mit Ihrer Intuition.

5 Sie sind ein Manager und haben ein großes Verkaufstalent! Sie sind großzügig, aber oft zu gutmütig. Arbeiten Sie daran, und versuchen Sie, lebendiger zu wirken. Vergessen Sie die Langeweile, leben Sie! Leben Sie Ihre Fähigkeiten, Menschen zu helfen.

6 Sie sind ein fürsorglicher Mensch, der sehr viel Liebe zu geben hat. Ihr Ziel ist es, Geduld zu üben und zu lernen, sich nicht ausnutzen zu lassen. Leben Sie Ihre Spiritualität.

7 Vertrauen Sie, und bieten Sie anderen weiterhin Ihre Hilfe an. Denken Sie dabei nicht nur an Profite und irdische Sicherheiten, sondern eher an Ihre Seele und Ihre inneren Reichtümer. Leben Sie Ihre Weitsichtigkeit.

8 Sie sind gerecht und sinnlich und ein Mensch des Wortes. Lernen Sie aber, nicht zu rechthaberisch zu wirken. Leben Sie Ihre Gerechtigkeit und Ihren Glauben.

9 Leben Sie Ihre Spiritualität. Sie sind einfühlsam, wahrhaftig und gerecht. Ihr Ziel ist es, optimistischer zu werden. Bekämpfen Sie Ihren Pessimismus!

0 Sie sind ein spirituelles und heilendes Wesen des Universums. Ihr Thema ist die Hingabe, und Ihre Aufgabe ist es, Ihre Neigung, sich immer wieder in denselben Dingen zu verfangen, abzulegen.

Doppelte oder dreifach vorkommende Zahlen wie 222 oder 444 deuten auf ein wichtiges Ziel hin. Generell gilt auch:

11 reife Seele

22 Energiebündel

99 Kristallkind, Indigo

00 neigt dazu, sich in den immer gleichen Dingen zu verfangen

Die Geheimnisse der Geburtszeit

Haben Sie gewusst, dass nicht nur der Tag, der Monat und das Jahr Ihrer Geburt, sondern auch die Geburtszeit eine wichtige Rolle spielt, wenn es darum geht, Aussagen über Ihren Charakter zu machen? Lesen Sie in der Auflistung nach, was die einzelnen Geburtszeiten über Sie und über Kinder mit dieser Geburtszeit aussagen.

Geburt von 4:30 Uhr bis einschließlich Sonnenaufgang/6:00 Uhr
4 + 3+ 0 + 6 + 0 + 0 = 13 = 1 + 3 = 4
Das 4er-Kind

Man zeigt bereits früh Eigensinn, man ist selbstständig, stark und mächtig. Ihre organisatorischen Fähigkeiten und Ihre Zielstrebigkeit bringen Ihnen große Erfolge. Bereits als Kind bestimmten Sie selbst über Ihr Leben - und das Leben aller

anderen. Sie wollen anders sein und sich von der Masse abheben.
Als Kind ist man ein guter Helfer für die Kindergärtnerin und später für die Lehrer in der Schule. Für die Mutter ist es jedoch schwer, den Egoismus des Kindes zu dulden. Diese Charaktereigenschaft sollte für gute Zwecke eingesetzt werden, und Ihre Aufgabe ist es, dies zu lernen. Sehr oft sind Kinder mit dieser Geburtszeit einseitig veranlagt und haben in der Schule Probleme. Sie lernen die Dinge, die ihnen Spaß machen, und werden dabei gut benotet. Andere Dinge allerdings, die das Kind nicht versteht, werden gerne vernachlässigt. Diese Eigenschaft ist im Übrigen auch oft bei Indigokindern anzutreffen. Eltern solcher Kinder sollten so einem Kind die Möglichkeit bieten, seine Gaben zu entdecken und umzusetzen sowie seine Talente zu leben.
Mädchen reifen sehr früh und sind schon ab dem neunten Lebensjahr selbstständig. Sie versuchen, eine kleine Frau im Leben zu spielen.

Buben reifen ebenfalls schnell und werden schnell zu einem richtigen kleinen Mann, der sich viel von Erwachsenen abschaut. Deshalb ist es wichtig, dass Eltern immer nur gute Verhaltensbeispiele liefern. Vom ersten Tag ihres Lebens an lernen diese Kinder aus ihren Erfahrungen, und genau das hilft ihnen, ein starkes Selbstwertgefühl aufzubauen.

Natürlich haben diese Kinder, wie auch andere Menschen, Schwächen: Sie können andere ignorieren und verhalten sich sehr oft rücksichtslos. Ab und zu sind sie voreilig und handeln unklug oder gar egoistisch. Sie beharren auf ihrer eigenen Meinung, um ihren Willen durchzusetzen. Dadurch versuchen sie, die »eigene Wahrheit« herzustellen, zu bestätigen und damit recht zu bekommen. Sie möchten allen beweisen, dass sie recht haben.

Wichtig: Die Eltern und die Gesellschaft sollten versuchen, solche Kinder zu lehren, den Schwächeren zu helfen und sie zu unterstützen. Man sollte ihnen geduldig erklären, dass der Mensch nicht nur für sich alleine lebt, sondern dass wir auch gemeinsame Lebensziele auf der Erde haben.

Geburt direkt nach dem Sonnenaufgang 6:00 bis 9:30 Uhr 6 + 0 + 0 + 9 + 3 + 0 = 18 = 1 + 8 = 9 Das 9er-Kind

Sie lieben Ihre innere Welt vermutlich mehr als die Außenwelt - Sie sind ein echter Träumer! Während einer Unterhaltung merkt man besonders bei Kindern, dass sie an ihre Kräfte glauben und eine große Selbstsicherheit ausstrahlen. Das Kind hat eine reiche Fantasie und wirkt oft abgelenkt oder unkonzentriert, was oft zu einem völlig unsinnigen ADS-Verdacht führt. Die Augen dieses Kindes liegen tief und wirken eher abgelenkt. Sie fangen jedoch sofort an zu leuchten, wenn jemand etwas über Geheimnisse erzählt. Diese Kinder sind gute Psychologen, und es ist sehr wichtig, dass sie einen guten Zugang zum Vater bekommen, wofür das Kind viel Zeit mit dem Vater verbringen sollte. Solche Kinder reagieren sehr auf ihre Umwelt, und die Eltern sollten immer auf die Gesundheit der Kinder achten. Die Nach-Sonnenaufgang-Kinder sind Einzelgänger, sie lieben es, allein zu spielen, und zeigen ein sehr starkes Interesse an allem, was geheim oder unklar erscheint. Sie sind neugierig und kreativ. Wenn sie erwachsen werden, sind es gute Wissenschaftler und Erfinder, oder sie stürzen sich in einen anderen, meistens sehr ausgefallenen, kreativen Beruf. Um ihre Ziele zu erreichen und um sich zu entwickeln, brauchen sie jedoch Disziplin.

Ihre Schwächen: Diese Kinder haben nicht immer genug Ausdauer und verlieren sehr oft das Interesse an ihren Zielen. Deshalb kann es vorkommen, dass sie kurz vor dem Ziel kapitulieren oder das Vorhaben beenden und alles hinwerfen. Diesbezüglich sollte man solch ein Kind immer wieder fördern und ihm immer wieder aufs Neue

seine Ziele erklären. Dann kann es seine Pflichten einhalten und alle Ziele erreichen.
Wichtig: Geben Sie solchen Kindern genug Zeit, um sich zu erholen, und bringen Sie ihnen bei, pflichtbewusst zu handeln und zu leben. Bieten Sie Ihrem Kind genügend Abwechslung, denn Einseitigkeit langweilt so ein Kind nur. Es wird dann müde, desinteressiert und mürrisch.

Geburt zwischen 9:30 und 11:30 Uhr
9 + 3 + 0 + 1 + 1 + 3 + 0 = 17 = 1 + 7 = 8
Das 8er-Kind

Mit dieser Geburtszeit sind Sie der geborene Unterhalter. Besonders ein Kind bekommt Zugang zu vielen Menschenherzen, sogar zu der ganzen Welt. Ein solches Kind sammelt andere Kinder um sich herum und hat immer Besuch zu Hause, denn es knüpft leicht Kontakte, weil es offen, unterhaltsam, optimistisch und vor allem ehrlich ist. Somit sind sie immer und überall die Lieblinge. Mädchen kommunizieren dabei ganz selbstverständlich mit Jungs und Jungs mit Mädchen. Dieses Kind bringt Leben in Ihr Heim!

Diese Kinder streben aber auch nach vorne und sind kleine Führungspersönlichkeiten. Diese Kinder machen immer nur das, was ihnen Spaß macht. Sie werden nie etwas anfangen, woran sie nicht glauben oder was sie nicht verstehen. Es sind kleine Glückspilze, die von anderen geliebt, anerkannt und auch unterstützt werden.

Schwächen: Sie leben das Leben anderer Menschen und spielen Mutter Teresa, so vergessen sie oft sich selbst und die eigenen Ziele.

Wichtig: Versuchen Sie, so einem Kind klar zu machen, dass es auch für sich leben sollte, sonst kann das Leben nicht funktionieren, und Träume können nicht wahr werden.

Geburt zwischen 11:30 und 13:30 Uhr

1 + 1 + 3 + 0 + 1 + 3 + 3 + 0 = 12 = 1 + 2 = 3

Das 3er-Kind

Dies ist ein sogenanntes »Napoleon-Kind«. Es will regieren und bestimmen, deshalb sind Konflikte und Unannehmlichkeiten vorprogrammiert. Von klein auf möchte so ein Kind alle Mitmenschen dominieren und kontrollieren, es will seine Ziele erreichen, koste es, was es wolle. Der Wille eines solchen Kindes ist so stark ausgebildet wie bei einem Erwachsenen. Es ist so allerdings auch in der Lage, selbst hochgesteckte Ziele durch seine Kraft und seinen Durchhaltewillen zu erreichen. Zu dieser »königlichen Zeit« Geborene sind gute Führer, die im Zentrum des Geschehens stehen wollen. Sie organisieren gerne und lieben es, zwischen Menschen zu vermitteln, aber sobald sie ihre Ziele erreicht haben, können sie auf andere Menschen herabsehen und arrogant werden. Solch ein Kind braucht von klein auf immer wieder verantwortungsvolle Aufgaben. Sehr oft gibt das Leben selbst ihm die Möglichkeit, eine führende Position einzunehmen. Sollte so ein Mensch Fehler machen, versuchen Sie, ihn nicht zu sehr zu verurteilen, sondern geben Sie ihm die Möglichkeit, seine Fehler wiedergutzumachen. Er lernt immer daraus.

Schwächen: Da solche Kinder eine gute Meinung von sich haben, können sie in einer Entwicklungsphase stehen bleiben. Sie denken, dass die Entwicklung abgeschlossen ist und verlieren den Leitfaden im Leben.

Wichtig: Zeigen Sie einem solchen Kind, was richtig ist und wie sich das Kind in der einen oder anderen Situation verhalten sollte. Versuchen Sie, Ihr Kind mit solchen Kindern zusammenzubringen, die ihm das Licht am Ende des Tunnels zeigen und die einen positiven Einfluss auf es haben. Wenn Ihr Kind sieht, wie schön seine Freunde tanzen, schreiben, malen oder dichten, entschließt es sich sicher zu beweisen, dass es noch mehr kann als sie.

Geburt zwischen 13:30 und 15:30 Uhr
1 + 3 + 3 + 0 + 1 + 5 + 3 + 0 = 16 = 7
Das 7er-Kind

Diese Kinder zeigen großes Interesse an mehreren Wissensgebieten. Sie sind daneben aktiv und lieben den Tanz, das Singen und Spiele, Reisen und Abenteuer. Diese kleinen Menschen können jedoch nicht gehorchen und mögen keine Disziplin. Da sie nur an das glauben, was sie denken und was sie wissen, handeln sie oft eigensinnig und können stur erscheinen. Sehr oft versuchen solche Kinder, die eigenen Eltern zu belehren und zu korrigieren, was diese ärgern könnte. Dafür versucht das Kind auch, alles perfekt und ja keine Fehler zu machen.
Schwächen: Da diese Kinder wenig Selbstwertgefühl haben und sich unterschätzen, handeln sie

oft zu langsam und können die eigenen Ziele nicht immer erreichen. Sie zweifeln an den eigenen Kräften und lassen sehr viele Projekte fallen. Wichtig: Versuchen Sie, einem solchen Kind nicht mit abgedroschenen Floskeln zu kommen. Diese Kinder verstehen viel und können viel mehr aus einer Situation herauslesen, als man meint.

Geburt zwischen 15:30 und 17:30 Uhr
1 + 5 + 3+ 0 + 1 + 7 + 3 + 0 = 20 = 2 + 0 = 2
Das 2er-Kind

Kinder mit dieser Geburtszeit können in jungen Jahren sehr schwere Zeiten erleben. Sie sind oft voller unterdrückter Gefühle und tragen eine tiefe Leidenschaft für etwas in sich. Sie sind sensibel, aber selbstbewusst und können dadurch manchmal etwas fanatisch wirken. Sie suchen nach Perfektion und haben keine Angst, wenn das Leben sie vor eine Prüfung stellt. Neugierig, suchend und oft zu eindringlich kann solch ein Kind Ihnen auch einmal unpassende Fragen stellen. Haben Sie keine Angst, ihm eine direkte Antwort zu liefern. Das Kind wird die Antwort verstehen und Ihnen dafür danken. Unterhalten Sie sich mit Ihrem Kind dann wie mit einem Erwachsenen, und stellen Sie sich selbst nie höher als das Kind. Sie sollten auch auf die Gesundheit des Kindes achten, da es oft übertreibt und sich dann keine Grenzen setzen kann.

Schwächen: Solch ein Kind kann »auf stur schalten«, und so kann es vorkommen, dass es zum Einzelgänger wird. Seien Sie ein gutes Beispiel für Ihr Kind, und erklären Sie ihm, dass jeder Mensch eine eigene Meinung haben darf und dass man im Leben nach Kompromissen suchen sollte.

Wichtig: Damit das Kind sich gut entwickeln kann, lassen Sie es bitte alles durch eigene Arbeit erreichen.

Geburt zwischen 17:30 und 20:10 Uhr

1 + 7 + 3 + 0 + 2 + 0 + 1 + 0 = 14 = 1 + 4 = 5

Das 5er-Kind

Diese Kinder brauchen Hilfe und Unterstützung, sei es bei den Schulaufgaben oder bei wichtigen Lebensfragen. Auch als Erwachsener kommt der Sprössling noch oft auf die Eltern zurück und sucht bei ihnen Hilfe. Diese Kinder haben in der Regel viele Freunde und können durch Schlauheit, Wissen und Tiefsinn andere beeindrucken. Das eigene Selbstwertgefühl ist dennoch nicht stark genug ausgebildet, weshalb Sie darauf achten sollten, dass das Kind mit der Zeit ein gesundes Selbstbewusstsein ausbildet. Solche Kinder sind »kleine Erwachsene«, sie wollen respektiert werden und reagieren ablehnend auf Druck.

Schwächen: Diese Kinder brauchen Ruhe und Gelassenheit. Sie können keine Spannung und unangenehmen Aufgaben akzeptieren und gehen in die Offensive: Sollten Sie das Kind zu etwas zwingen, versucht das Kind oft zu simulieren. Es sagt, dass ihm etwas fehle, dass es krank sei und nicht in der Lage sei, die gestellten Aufgaben zu erledigen. Erziehen Sie solche Kinder mit Liebe und Verständnis, verlangen Sie aber auch Respekt.

Wichtig: Erklären Sie Ihrem Kind, wie wichtig es ist, bei der Wahrheit zu bleiben, und lehren Sie es Gerechtigkeit. Zeigen Sie ihm, wie Probleme »erwachsen« erledigt werden.

Geburt zwischen 20:10 und 21:00 Uhr
2 + 0 + 1 + 0 + 2 + 1 + 0 + 0 = 6
Das 6er-Kind

Ein Kind mit dieser Geburtszeit wird Sie durch sein stark entwickeltes Verantwortungsbewusstsein immer wieder aufs Neue überraschen. Diese Kinder lieben die Arbeit. Sie helfen zu Hause und achten auf Sauberkeit, möchten dafür jedoch auch geschätzt und gelobt werden. Sie wollen gut und stilvoll, aber auch bequem gekleidet werden, denn sie streben nach Komfort und Perfektion. Selbst eine kleine Unbequemlichkeit bringt das Kind zum Grübeln, und es reagiert mit schlechter Laune. Solche Kinder spielen in der Regel weniger als ihre gleichaltrigen Kameraden. Sie nehmen sich wenig Zeit für sich und ihre Hobbys, brauchen kaum Freizeit und sind unkompliziert. Sie sind vielmehr eine Oase der Ruhe in der Klasse und zu Hause.

Schwächen: Diese Kinder machen oft nur das, was von ihnen verlangt wird, jedoch nicht mehr. Solche Kinder muss man motivieren, Sie sollten ihre Fantasie anregen, damit sie sich entfalten können.

Wichtig: Ein solches Kind muss seine goldene Mitte zwischen Arbeit und Erholung finden. Helfen Sie ihm dabei.

Geburt zwischen 21:00 und 22:30 Uhr
2 + 1 + 0 + 0 + 2 + 2 + 3 + 0 = 10 = 1 + 0 = 1
Das 1er-Kind vor Mitternacht

Kinder mit dieser Geburtszeit können sich beherrschen, aber auch alles in ein Spiel verwandeln. Das Kind macht entweder das, was es will, oder es tut gar nichts. Solch ein Kind ist neugierig, aber es bringt seine Vorhaben meistens nur mit Mühe zu Ende, weshalb Sie es unterstützen sollten. Sie werden es nicht bereuen, sondern sehr stolz auf Ihr Kind sein! Diese Kinder sind beliebt, sind hilfsbereit, sportlich, lustig, beweglich und können gut schauspielern.
Schwächen: Oft sind diese Kinder eher eigensinnig veranlagt, und sie verlieren häufig den Bezug zu den Interessen anderer.
Wichtig: Räumen Sie dem Kind genug Freiräume ein.

Geburt zwischen 22:30 Uhr und Mitternacht (00:30)
2 + 2 + 3 + 0 + 0 + 0 + 3 + 0 = 10 = 1 Nacht
Das 1er-Mitternachtskind

Kinder mit dieser Geburtszeit basteln und entwerfen schon in den ersten Jahren ihres Lebens, sie träumen - und setzen ihre Träume auch um. Fragen Sie solch ein Kind, was es einmal machen wird, wenn es erwachsen ist, dann wird es meistens sagen, dass es selbstständig und ein Anführer sein wird. Diese Kinder sind der ganze Stolz der Familie, sie sind spirituell veranlagt, haben ein sonniges Gemüt und werden von anderen gerne kopiert. Sie sind dabei sehr familienbezogen und haben »goldene Ideen«. Sie konzentrieren sich bei der Arbeit und planen gerne, und man sollte sie daher nie drängen. Diese Kinder machen alles richtig, sie denken klar und sind wahre Lebenskünstler.

Schwächen: Sie können sich manchmal nur schlecht von Gewohnheiten oder Bezugspersonen lösen.
Wichtig: Geben Sie dem Kind mehr Liebe, Wärme und Verständnis. Es braucht das.

Geburt zwischen 00:30 und 02:30 Uhr
0 + 0 + 3 + 0 + 0 + 2 + 3 + 0 = 8 Nacht
Das 8er-Nachtkind

Sie sind aktiv und suchen ständig das Neue. Sie lernen spielend und gern, können aber nicht gut mit Druck umgehen. Kinder mit dieser Geburtszeit müssen sich im Zentrum des Geschehens befinden. Bitte unterhalten Sie sich mit dem Kind wie mit einem Erwachsenen, und teilen Sie alle Neuigkeiten mit ihm. Das Kind muss das Gefühl haben, ein gleichwertiger Teil der Familie zu sein. Es ist von Vorteil, wenn Sie dem Kind Märchen und Geschichten erzählen oder Bücher vorlesen, auch das Erlernen einer oder sogar mehrerer

Fremdsprachen könnte ihm Freude bereiten. Daneben braucht ein solches Kind Disziplin und den Bezug zur Natur.

Schwächen: Diese Kinder können sich von ihren Freunden abhängig machen, denn sie können nicht alleine sein. Bewundernswert ist, dass sie andere Menschen dabei unterstützen, ihre Ideen umzusetzen. Sie sind allerdings auch launisch und können eine bereits begonnene Arbeit einfach liegen lassen, um sich einer neuen zuzuwenden. Diese Kinder brauchen einen starken Bezug zum Vater, so können sie sich am besten entfalten.

Wichtig: Versuchen Sie, das Kind bei all seinen Ideen zu unterstützen, und überprüfen Sie, mit wem das Kind verkehrt. Es besteht nämlich die Gefahr, dass das Kind schlechte Gewohnheiten von falschen Freunden übernimmt.

Geburt zwischen 02:30 und 4:30 Uhr

0 + 2 + 3 + 0 + 4 + 3 + 0 = 12 = 1 + 2 = 3

Nacht

Das 3er-Nachtkind

Sie sind ein absolutes Unikat. Sie haben sehr viel Energie, eine sehr gute Gesundheit und können gut Prioritäten setzen. Sie beharren allerdings auch gerne auf Ihrer Meinung, und man kann Sie bei Diskussionen kaum umstimmen. Von Kind an träumen Sie von Dingen wie einem Auto, einer Yacht oder einer Firma. Sie sind geschäftstüchtig, arbeitswillig und können alles im Leben erreichen. Sie sind von Natur aus gutmütig, herzlich und beschenken gerne andere. Kinder mit dieser Geburtszeit besitzen viele Talente und Gaben. Sie verlassen früh das elterliche Nest, denn solche Kinder wollen schnell selbstständig werden.

Schwächen: Diese Kinder werden meistens zum Einzelgänger. Sie faulenzen lieber und wollen eher weniger mit den Mitschülern zu tun haben. Wichtig: Lehren Sie das Kind, zu kommunizieren und sich zu öffnen. Teamgeist muss manchmal ebenfalls erlernt werden. Dieses Kind ist zudem von Geburt an ein Workaholic und muss lernen, auch ein Mensch zu sein.

DIE WOCHENAUFGABEN

Jede Woche hält bestimmte Aufgaben für uns bereit. Lesen Sie hier, welche dies sind.

Januar

3.–9. Sich-trauen-Woche. Ihre Aufgabe ist es, das Vertrauen in die eigenen Kräfte zu finden.

10.–16. Woche des Lenkens. Ihre Aufgabe ist es, die Gesellschaft zu verändern.

17.–22. Woche des Geheimnisses. Lernen Sie das Geheimnis der Natur kennen.

23.–30. Woche des Genies. Sie sollten Ihre eigenen Ideen leben.

31.1.–7.2. Leichtigkeitswoche. Ihre Aufgabe ist es, das Leben leichter zu nehmen.

Februar

8.-15. Loslassenwoche. Ihre Aufgabe ist es, das Loslassen zu lernen.

16.-22. Gefühlswoche. Lernen Sie, Gefühle zu zeigen.

23.2.-2.3. Woche der geistigen Entwicklung. Ihre Aufgabe ist es, geistige Gesetze verstehen zu lernen.

März

3.-10. Woche der Einsamkeit. Ihre Aufgabe ist es, Zweisamkeit zu finden.

11.-18. Woche des Tanzes und des Traumes. Lernen Sie, einige Dinge im Leben loszulassen - und leben Sie! Vielleicht beim Tanzen ...?

19.-24. Woche der Neugeburt. Ihre Aufgabe ist es, neue Ideen anzugehen.

25.3.-2.4. Kinderwoche. Ihre Aufgabe ist es, eine Familie zu gründen oder die Welt mit den Augen eines Kindes zu sehen.

April

3.-10. Woche des Sternendeutens. Ihre Aufgabe ist es, Ihre Spiritualität zu leben.

11.-18. Woche des Entertainers. Ihre Aufgabe ist es, andere Menschen zu unterhalten.

19.-24. Machtwoche. Lernen Sie, Menschen zu führen.

25.4.- 2.5. Woche der Lösungen. Ihre Aufgabe ist es, viele Probleme zu bewältigen.

Mai

3.–10. Woche des Lehrers. Ihre Aufgabe ist es, anderen Menschen etwas beizubringen.

11.–18. Woche der Einsicht. Ihre Aufgabe ist es, Weiß von Schwarz unterscheiden zu lernen.

19.–24. Woche der Energie. Ihre Aufgabe ist es, anderen zu helfen mit Ihrer Ausstrahlung und durch Ihr Vorbild.

25.5.–2.6. Woche der Freiheit. Ihre Aufgabe ist es, Ihre eigene Freiheit zu schützen.

Juni

3.–10. Woche der Sprache. Ihre Aufgabe ist es, Ihre Sprache einzusetzen zum Wohl aller.

11.–18. Woche des Suchers. Ihre Aufgabe ist es, Ihre Lebensziele zu finden.

19.–24. Magiewoche. Ihre Aufgabe ist die spirituelle Entwicklung Ihrer Seele.

25.6.–2.7. Woche des Mitgefühls. Ihre Aufgabe ist es, andere Menschen zu beruhigen.

Juli

3.–10. Woche der Selbstfindung. Ihre Aufgabe ist es, sich in diesem Leben zu finden und sich zu leben!

11.–18. Woche der Überzeugung. Ihre Aufgabe ist es herauszufinden, wie sehr Sie von Ihren eigenen Zielen überzeugt sind.

19.–25. Woche des Schwebens. Lernen Sie, über den Dingen zu stehen.

26.7.–2.8. Woche des Selbstbewusstseins. Ihre Aufgabe ist es, sich wertzuschätzen.

August

3.–10. Woche der Ausgewogenheit. Ihre Aufgabe ist es, sich auszubalancieren.

11.–18. Führungswoche. Ihre Aufgabe ist es, die Menschen in Ihrer Umgebung zu beraten und zu unterstützen.

19.–25. Woche der Selbstliebe. Ihre Aufgabe ist es, etwas für sich selbst zu tun.

26.8.–2.9. Woche der Logik. Ihre Aufgabe ist es, Ihren Verstand zu benutzen, um Ideen in die Tat umzusetzen.

September

3.–10. rätselhafte Woche. Ihre Aufgabe ist es, die Geheimnisse Ihrer Seele zu lüften.

11.–18. Woche des Lehrlings. Ihre Aufgabe ist es, aus den eigenen Fehlern zu lernen.

19.–24. Woche der Schönheit. Ihre Aufgabe ist es, die Schönheit der Welt zu erkennen.

25.9.–2.10. Woche der Perfektion. Ihre Aufgabe ist es, die Perfektion der Natur zu erkennen.

Oktober

3.–10. Gesellschaftswoche. Ihre Aufgabe ist es, öfter rauszugehen und den Austausch mit anderen Menschen zu suchen.

11.–18. Woche des Theaters und Schauspiels. Lernen Sie, Ihr Leben spielerisch zu leben.

19.–25. Kritikwoche. Ihre Aufgabe ist es, Kritik annehmen zu lernen.

26.10.–2.11. Intensivitätswoche. Ihre Aufgabe ist, Ihr Leben intensiver und vor allem freudvoller zu leben.

November

3.- 11. Woche der Tiefe. Ihre Aufgabe ist es, den Sinn des Lebens zu erkennen.

12.- 18. Woche des Charmes. Lernen Sie, mit Ihrem Charme anderen Menschen Freude zu bereiten.

19.- 24. Veränderungswoche. Ihre Aufgabe ist es, vieles um sich herum zu verändern durch Ihre individuellen Talente.

25.11.- 2.12. Woche der Unabhängigkeit. Ihre Aufgabe ist es, im Leben unabhängig zu bleiben und Süchte zu bekämpfen.

Dezember

3.- 10. Woche der Initiative. Ihre Aufgabe ist es, Initiative und Verantwortung zu übernehmen.

11.- 18. Titanwoche. Sie müssen lernen, Ihre Ziele in die Tat umzusetzen.

19.–25. Woche der Hellfühligkeit. Ihre Aufgabe ist es, nach Ihrer Intuition zu leben.

26.12.–2.1. Woche des Führers. Ihre Aufgabe ist es, andere zu führen.

Die richtige Stadt, der richtige Ort, das richtige Haus?

Ob die Stadt, in der Sie leben, ein positiver Ort für Sie ist oder was Ihre Hausnummer aussagt, können Sie selbst herausfinden, indem Sie ein bisschen rechnen. Der Name der Stadt spielt dabei allerdings keine Rolle, sondern wir verwenden bei diesem bewährten System die Postleitzahl. Dabei gehen Sie wie im folgenden Beispiel vor:

PLZ 80335
8 + 0 + 3 + 3 + 5 = 19
1 + 9 = 10
1 + 0 = 1

Hausnummer 76
7 + 6 = 13
1 + 3 = 4

Deutung der Quersummen von PLZ oder Hausnummer

1 starke Kraft, ruhiges Plätzchen
2 Wohlstand, Wohlgefühl, Glück
3 turbulent, aber gefährlich
4 sehr praktisch, ruhig, geschickt
5 sehr sensitiver Ort, spirituell, unruhig
6 Ort des Streites, nur selten harmonisch
7 geheimnisvoller Ort
8 Kraft- und Energiequelle
9 Dieser Ort bringt neue Ideen.

Schlusswort

Lieber Leser,

ich wünsche Ihnen nun viel Spaß beim Experimentieren! Die Numerologie ist eine interessante Wissenschaft, die uns unsere Anlagen und Talente zeigen kann - was Sie damit machen, entscheiden Sie selbst ...

Ihr Vadim Tschenze

Über den Autor

Bereits seit sechs Generationen wird die Kunst des Hellsehens in der Familie des Autors praktiziert und das Talent meist vererbt. Vadim Tschenze selbst hat sich seit seinem zwölften Lebensjahr mit der Wahrsagerei, dem Planetenstellen und mit schamanischem Naturwissen beschäftigt. Er schrieb mehrere Bücher zu Gesundheitsthemen wie auch über das Kartenlegen und Schamanentum. Seit 2004 arbeitet er als TV-Experte und leitet seine Akademie für Schamanismus, Geistheilen und Medialität in der Schweiz am Bodensee.

www.vadimtschenze.ch

Weiterführende Informationen zu
Büchern, Autoren und den Aktivitäten
des Silberschnur Verlages erhalten Sie unter:
www.silberschnur.de

Natürlich können Sie uns auch gerne den
Antwort-Coupon aus dem beiliegenden
Lesezeichenflyer zusenden.

Ihr Interesse wird belohnt!

192 Seiten, mit Abb. & farbigem Auratest, broschiert
ISBN 978-3-89845-262-5
€ [D] 15,00

Vadim Tschenze

Altes russisches Wissen

Das Beste für Seele & Gesundheit

Der Bestsellerautor Vadim Tschenze weiht uns in diesem Buch in das umfassende Wissen seiner russischen Urahnen ein. Über Generationen hinweg wurde es weitergegeben, und so haben sich die Praktiken und Methoden über die Zeit bewährt und verfeinert. Mit großem Fachwissen behandelt er Themen wie: Energiereinigung, Aurastärkung, die Kraft des gesprochenen Wortes, energetisches Heilen, Schlafstörungen beheben, Aberglaube, Magie und Zauberei. Das Ergebnis ist ein praktisches »Fachbuch der Urahnen« mit zahlreichen Tipps für Menschen, die dieses Wissen bewusst nutzen möchten.

272 Seiten, broschiert
ISBN 978-3-89845-323-3
€ [D] 16,00

Vadim Tschenze

Vadim Tschenzes russisches Heillexikon

Ein universelles Nachschlagewerk für mehr Lebendigkeit, Stärke, Erfolg und Gesundheit! Der spirituelle Therapeut und Geistheiler Vadim Tschenze benutzt seit vielen Jahren altes Wissen aus dem Schatz des russischen Schamanismus zur Behandlung seiner Patienten.

Diese kostbaren Weisheiten seiner Urahnen legt er nun als Ratgeber, der in seiner modernen Interpretation von althergebrachtem Wissen einzigartig ist. Ein Praxisbuch, das in keiner Hausbibliothek fehlen sollte!

240 Seiten, broschiert
ISBN 978-3-89845-252-6
€ [D] 8,00

Vadim Tschenze

Die Geheimnisse der Liebesmagie

10 x 13 lichtvolle Rituale

Wir alle wissen: Es ist schon schwierig genug, einen Partner fürs Leben zu finden – doch selbst wenn man endlich das passende Exemplar im Auge hat, heißt das noch lange nicht, dass dem Happy End damit nichts mehr im Wege steht ... Damit Sie Ihren Wunschpartner fortan nicht mehr ziehen lassen müssen, hat Bestsellerautor Vadim Tschenze unzählige Liebesrituale für Sie zusammengestellt, die Ihnen dabei helfen, die Liebe in Ihrem Leben zu halten, unliebsame Konkurrenten lahmzulegen oder auch die Zuneigung zwischen Ihnen und Ihrem Partner zu intensivieren.

36 Karten, 64 Seiten Handbuch, in Stülpschachtel
ISBN 978-3-89845-213-7
€ [D] 17,90

Kartenset

Vadim Tschenze

Orientalisches Wahrsagen

Kaffeesatzlesen

Ihr Schicksal liegt in Ihrer Tasse!
Das Innere zeigt sich im Äußeren – und wird somit deutbar. Vadim Tschenze greift in seinem Kartenset auf das alte, geheime Wissen des Kaffeesatzlesens seiner russischen Vorfahren zurück, um Ihnen exklusiv die wichtigsten Symbole und deren Deutungen nahe zu bringen, mit deren Hilfe sich Ihnen sowohl Vergangenheit, Gegenwart als auch die Zukunft erhellen ... Ein Set, das sich gerade für Einsteiger hervorragend eignet!

Kartenset

144 Karten mit Kurzanleitung, inkl. Miniposter, in Box
EAN 4260075280-28-8
€ [D] 25,00

Franziska Krattinger

Die Kraft der 144 Schalt- und Machtworte

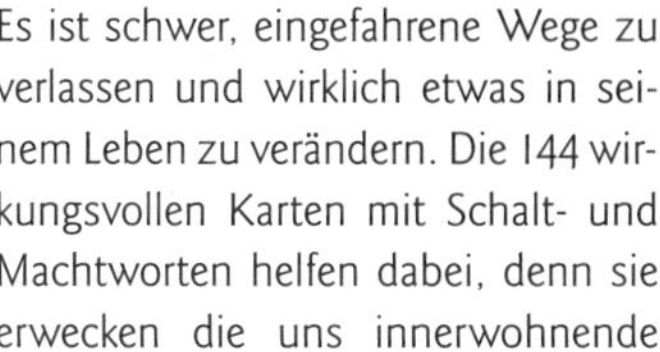

Es ist schwer, eingefahrene Wege zu verlassen und wirklich etwas in seinem Leben zu verändern. Die 144 wirkungsvollen Karten mit Schalt- und Machtworten helfen dabei, denn sie erwecken die uns innerwohnende positive Macht zur selbstbestimmten Veränderung von Situationen und Vorhaben. Eines dieser Worte genügt bereits, um einen unterbrochenen energetischen Fluss wieder zum Laufen zu bringen und so alles zum Besten zu lenken! Schalten auch Sie einfach um – und beobachten Sie die positiven Veränderungen in Ihrem täglichen Leben. Sie haben WIRKLICH die Macht dazu!

528 Seiten, gebunden
ISBN 978-3-96933-061-6
€ [D] 36,00

Franziska Krattinger

Triff deine Vergangenheit, verstehe deine Gegenwart,erschaffe deine Zukunft

Dein Pentagramm des Lebens

Jede Seele tritt ihr Leben nach einem vorgewählten Programm an, nach welchem sie den Sinn ihres Daseins erkennen und sich von Ängsten und Zwängen befreien kann. Dadurch werden wir die Lösung für unsere Probleme finden, uns selbst befreien und unser Leben neu bestimmen. Mit der Pentagramm-Analyse werden wir unsere Vergangenheit verstehen, unsere Gegenwart annehmen und unserer Zukunft begegnen. Befreie deine Gefühle und erkenne deine Stärke, Kraft und Möglichkeiten

168 Seiten, farbig, gebunden, mit auffälliger Spiegelfolie
ISBN 978-3-89845-559-6
€ [D] 20,00

Renate Kast

Runen als Spiegel des Selbst

Zeichen auf dem Weg der Selbsterkenntnis

Renate Kast zeigt Ihnen, wie Sie mit Runen umgehen, welche Bedeutung sie jeweils haben, wie sie gelegt werden und wie man sich Runen selber machen kann. Diese schlichten Zeichen sind perfekt dafür geeignet, mit der eigenen spirituellen Dimension in Kontakt zu treten. Sie sind Hilfsmittel, um die persönliche Intuition wahrzunehmen und richtig zu interpretieren. Durch die jahrelange Erfahrung der Autorin ist das Buch ein guter Begleiter zur Persönlichkeitsanalyse. Ein Buch, das jeden in seinen Bann zieht!

160 Seiten, farbig, brosch.
ISBN 978-3-96933-003-6
€ [D] 12,00

Anja Reimuth

Frag die Karten

Antworten auf die großen und kleinen Fragen des Lebens

Du möchtest wissen, was die Zukunft bringt, willst erfahren, in welche Richtung sich deine Partnerschaft entwickelt – oder einfach nur, ob der morgige Tag unter einem guten Stern steht? Lege dir einfach selbst die Karten mit den bekannten und beliebten Spielkarten, die jeder zu Hause hat!
Anhand von verschiedenen Legesystemen bis hin zum großen Kartenbild lernst du die Karten und ihre Kombinationen kennen und erhältst so klare Hilfestellungen zu allen Lebenssituationen wie Liebe, Geld und Beruf.